謝士元 著

開運人生

易經、紫微、八字、姓名學一次上手

序言　教育與責任

在第一本拙作《紫微斗數與姓名學知現代詐騙》及改版《破解命理詐騙論紫微斗數與姓名學》問市後，發現以算命來詐財的亂象一直存在現實社會中，因為在電視節目或網路上，那些只管領通告費而昧著良心的明星不斷大談算命是多麼的神準，有如神仙附身或活佛轉世及一些在有線電視購買時段，靠免費算命來誘騙恐嚇無知的觀眾並誆稱其命運不好需要祭改或補運。其實他們這樣的舉動已經為自己往後的生活福報埋下因果報應而孰然不知。命運是好還是壞，有一半是隨著自己的選擇而變動的，因此，人為什麼會想去算命？因為他們無法抉擇，未來不確定感，也無法掌握，生活茫然無措，不安全感等等因素所牽引。

而人的一生是註定好了的嗎？如果是，到底是什麼力量決定了人的命運？如果不是，那又是什麼力量改變了命運的軌跡？如果一再強調買改運商品就能改運，那無德之人和做奸犯科的人，不就都高枕無憂了，這不是活在之前威權時代一樣，有錢判生，沒錢判死嗎？聰明的你應該知道吧！這是不可能的事。但人們為什麼會被人一騙再騙呢？

命理既然談的是實際人生，因此命理的道理應該可以用極其常識化和生活化的現象來加以說明。比如說，一個人小時候得到家庭妥善的教養，使他的人格趨於正常；稍大受到正規教育，使他學有專長；長大進入一個產業發達的社會環境裡，就比較有他立足和發揮的餘地。相反的，若他是在一個破碎的家庭中長大、從小沒得到好教養，使他的人格趨於偏激，以後又沒接受較完整的教育，當他進入社會，將會無所適從。這種教養和教育，往往會造成和影響到一個人一輩子的命運走向，因此不能認為完全是一種天生註定的命運安排。

其實懂術數的人也只是常人，絕非神人，你我都是凡人，更無奪天地造化之功，只是能夠讓生活得輕鬆自在，安逸愉快而已。佛陀說過：「人生在世，痛苦難以避免。受苦的根源在於不捨，割捨自如可以免除痛苦。」俗話亦說：「人生不如意十之八九。」可見不如意之時佔了人生旅途中絕大光陰。近數十年來，星相五術大興，有志突破者日增，然殫精竭慮鑽研。然而人生的順境、逆境皆緣於自己的心念，人生之所以有壓力、痛苦、迷惘，乃肇因於對人生沒有正確的認知，對事理因果自己沒有看清楚，並不是靠算命改名就能改變一切。因為有很多大富大貴大官成功人士，他們姓名筆畫測出來卻都是凶，所以我一再強調姓名吉凶不必太當真，重要的是自己努力而不是靠改名。唯有順應天理自有福運相隨，心存善念必有貴人指路。

立命之學在於「認知」，立命之道在於「行道」。一個有正確認知之人，絕對是行正道，而道的本源在於「正」也。因此自我期許為能命理揭開言行不一的論命者。因為命運不是決定於你的遭遇，而是決定於你看待遭遇的角度，如果你心迷就會苦，心悟就自在。雖然說天有不測風雲，人有旦夕禍福，誠然命運是非常奇妙，我是用科學的角度，不用怪力亂神的言論來詮釋命理。所以命理絕不能以宿命論之，同人不同命的原因，閏月是算本月，還是下個月及命理共盤共業，至今都未有人可以完全解釋清楚，都是各自表述，不過以科學性的統計學上來說，其大方向上的走勢波動，結果還是可預估的。再者，命理師，除了要有悲天憫人的特質外，並要擁有正確且符合現代的命理觀念和以德服人的精神，是不可或缺的，亦應以【安定人心、匡正社會風氣】為導向，才是國家社會之福，否則將會影響自身的福報，且因果相隨，後果則自行要承擔。我奉勸學命理之人能常警惕自己，諸惡莫作，眾善奉行，別一步錯，步步錯。

常言道：積善之家必有餘慶，積不善之家必有餘殃，這是千古不變的真理。坦白講，算命的商機在改運，改運的商機在商品。算命行業若以賣改運商品為主軸，市場很大，所以大部份的人都會以免費算命來吸引無知的民眾，大家就是有貪小便宜的心理，這就是人性的弱點，所以詐騙新聞才不斷上演，造成賠了夫人又折兵。我接觸和學習研究命理已經不知過多少歲月，也了解命理有不少門派，他們對古賦有不同的理解和演繹，因而產生了不少各說各話、各自表述的應用法則；甚至有些是自創的秘訣，五花八門、目不暇給。中國傳統的玄學術數，如八字、奇門遁甲、玄空風水、紫微斗數等等皆是。而紫微斗數的天干四化就是以時間為主導的，星象、星性隨著時間條件而轉化，顯示進退、得失、而延生吉凶悔咎，往後的章節會提到易經、紫微斗數、子平八字及姓名學的原理原則。

在二〇一二年三月份隔壁的市議員過來找我說有命理師來，以後星期六下午兩點到四點都會在她的服務處裡做免費命理諮詢，叫我去跟她認識一下。我過去後發現很多人，我就看到一位講電話很大聲的女生，在罵來罵去，感覺好像是在諮詢官員。因為她背對著我，我看不出來她是誰，心想居然有人敢在議員面前大小聲。結果我忍不住問命理師她是誰，哇哇！居然是鼎鼎大名的立委，真有眼福，讓我見識到立委的厲害，難怪官員會招架不住。

在與那位女命理師談話之後，才發現她是鳳陽派並不會紫微斗數，她拿她讀的書給我看，我說這是易經卜卦的書（卜筮），通常用於米卦，她說對，於是她拿出她的生財工具給我看，是紅色的米。鳳陽派相傳是起源大陸江西省，起源哪裡並不重要，其實重要的是法無正邪，唯在人心。文王聖卦是以易經六十四卦為架構所衍生出來的一套推命問世程式，卜筮能顯示出如何決定疑難，防憂患、趨吉避凶，千古之秘盡洩於此。舉凡生活上的種種疑慮困惑，如升學、就業、婚姻、健康、功名、求財、疾病……等，都可以從卜筮來獲得解答。古云：「吉凶未來先有兆。」

因此在與年過半百的女命理師簡短談話之後，突然有個念頭，發現很多學命理的人都是看書自學，或者是上了一些基本課程後就開館論命，都沒有一個人在命理邏輯下過功夫或告訴以後學者應該怎麼貢獻社會，如何認清這命理學的可貴，不只在於能算得準，更在於研究如何改善人生！命理學家的責任是在於以正確的學理來建議顧客走向正確的人生道路，這樣才能顯出命理學的可貴性。並讓有智慧的人從算命中得到啟發，並告訴大家相信命運你就掌握命運，不相信命運你就超越命運。而不是都只會想到自己賺錢利益而誤人子弟並危害社會，讓心懷不軌的人趁虛而入，騙財騙色事件層出不窮。

許多過去的傳統五術被視為迷信，加上少數的五術敗類或一些不肖之徒的混水摸魚，據此詐騙、欺人，騙色雙修而產生世人對五術的存疑與觀望態度。因此我興起念頭並提筆寫下《開運人生》，讓命理邏輯新觀念為國家社會盡一點心力。我秉持著學儒家的樂觀進取，學佛家的樂善好施，學道家的樂天知命。有不少人在遇到運程阻滯、生意失敗、事業不利，或婚姻受到挫折，或病魔纏身，甚至多災多難時，都會來找我用紫微斗數分析，問問今後的前程如何？何時會行好運？如果算出的是吉利，當然滿心歡喜而去。若是算出仍然是不利的，則會愁容滿面，灰心喪志。其實你們不需要這樣憂慮，要學習看待一切都要以「一切有為法，如夢幻泡影，如露亦如電，應作如是觀。換言之，「朝走西暮走東，人生猶如採花蜂，採得百花成蜜後，到頭辛苦一場空。」萬事不必執著，喜莫喜於知足，苦莫苦於多願。

當然，今世的所作所為，不一定很快就會得到報應，有的是晚年得到果報，大部分是下一世才得到果報。而今世所得到報應，亦大部分是前世所種下的因。正好似欠債一樣，如要深入徹底地研究這種宿命的根本淵源，就必須明白佛學的三世因果。原來宿命論是以因和果的法則作為基礎的。佛教的《因果經》有四句最具原則性的經文：

欲知前世因，今生受者是。
欲知來世果，今生作者是。

現在有不少人誠心祈求神佛庇佑，有求發大財中樂透，有求賜福，有求賜子女，有求治病，有求賜姻緣，甚至有求延壽者。他（她）們能否求到？如果能求到，不是很快將命運改善過來嗎？這個問題，很多人都存在疑心：要解開這個疑團，我們必須明白如下三點：拜神禮佛的正信觀念是什麼？拜神佛是否等於行善積德？求神佛賜財賜福到底是否有效？

容我不客氣的指出，古傳的命理學為什麼千百年來一直登不了大雅之堂，箇中的主要原因，完全在於學命理者的一種對命理基本觀念的無知和誤解，把命理視為一種神仙之學。也許為了提高命理的崇高地位，硬是把命理神秘化，讓人們誤認為，只有那種如同神仙的人，才能洞澈人間的天機。因此把一項原本可以為人指點迷津的談命說理，變成一種高深莫測神仙之術。對命理的這種扭曲，最主要的是一般人認為一個人的命運，完全單憑命理因素所造成。他們以為一個人在出生的那一剎那，就已決定了一個人一生的榮枯禍福。他們無法、亦無能力去判斷命運的造成，究竟應該涵蓋那些條件或因素？我很迷惑這些命理研究者的知識水平究竟如何？也許不祇最基本的命理觀念一無所知，甚至連基本常識也不懂，因此在命理上才會顯得那麼無知和無能。

你們想想，如果你殺人劫財，或販賣毒品，或騙財騙色得手之後，買了燒豬或大批生果香燭，而且虔誠萬分，去求神佛保佑平安，正直的神靈會答應嗎？如果你平時不做善事，分文不肯施捨給貧病之人，又在背後扯人後腿，又唯恐天下不亂，或者幸災樂禍。在拜神時備了豐富的祀品，去祈求生意興隆發大財，無論你如何磕破頭皮，正直無私的神靈會接受你的行賄嗎？或是你平時只做了一點點善事，但也做有不少的惡事或過錯。或平時自私自利，不為大眾利益著想，不為他人急難而援手扶持，或是滿腦子壞主意，專喜鑽營財利，損人利己。無論你如何虔誠求神佛保佑，亦是徒然的。所以命理的邏輯原則一定要清楚，才不會被人騙財騙色，自尋煩惱。

我參照諸書之說，結合實踐體驗，將自己的觀點摘錄於此，所以這本書的特色就是讓你知道命理的正確原理原則。所以千萬記住別讓自己活得太累，應該學著想開、看淡，學著不強求，學著深藏。別讓自己活得太累，適時放鬆自己，尋找宣洩，給疲憊的心靈解解壓，才不會像朱慧珍失去愛女一樣。祈願大家都能：用「加法」的方式去愛人；用「減法」的方式去除怨恨；用「乘法」的方式去感恩所有的人！因為知識是經驗的累積，經驗由生活得來，筆者才淺學疏，匆匆成書，若有立論錯誤之處，望能點明指正，不勝感激。

目次

Chapter 2 別讓算命害了你

Chapter 3 認識易經

Chapter 4 紫微斗數概述

Chapter 5 子平八字概述

Chapter 6 認識姓名學

Chapter 7 節錄古文一覽

Chapter 1

命理基本認知

造化弄人

易經是甚麼？斗數是什麼？八字又是什麼？姓名學又甚麼？它們可以流傳千年的論命技法，憑的又是什麼？斗數、八字各有什麼長處？又各有什麼不足？你為什麼想學？想學來做些什麼？這些都是你應該要弄清楚的一些事情。灌輸正統理論，掌握斗數要義，因為這樣的選擇會決定你以後的命運。想學任何的命理，則須先具備正確的認識，更須有新時代性的命理哲學正確觀念。

「生從何處來，死往何處去？」一是人類思考了千百年的問題。輪迴因果說，世人視之為迷信、為虛妄；因是佛教所提出，而受到他教非議。王亭之抱著宏揚佛法之心，解說輪迴因果。正如他所說，輪迴非全是宗教問題，而是人生哲理問題，冀望是佛教徒的或非佛教徒的讀者，都能接觸及深思這個學說。

命理學又有「先天命」與「後天運」的差別，所謂「先天命」即是人一出生下來就無法改變的命理資料，如四柱八字、子平神數、紫微斗數等等。而「後天運」即是命理學中的可變部份，包括陽宅、陰宅學、姓名學、手面相等等。一位命理學家，如果只懂得一兩種學術，其推命的準確性往往大打折扣，因此一位專業的命理學家，必須精通先天命與後天運的多種推算法，加以交互應用，並配合時代的變遷、演變，才能提出較多精確的數據資料供做參考。

天有不測風雲，人有旦夕禍福；蜈蚣百足行不及蛇，家雞翼大飛不如鳥。
馬有千里之程，無人不能自往；人有凌雲之志，非運不能騰達。
文章蓋世，孔子尚困於陳邦；武略超群，太公垂釣於渭水。

盜跖年長，不是善良之輩；顏回命短，實非凶惡之徒。

堯舜至聖。卻生不肖之子；瞽叟頑呆，反生大聖之兒。

張良原是布衣，蕭何稱謂縣吏；晏子身無五尺封為齊國首相，孔明居臥草廬能作蜀漢軍師。

韓信無縛雞之力，封為漢朝大將；馮唐有安邦之志，到老半官無封。

李廣有射虎之威，終身不第；楚王雖雄難免烏江自刎，漢王雖弱卻有河山萬里。滿腹經綸，白髮不第；才疏學淺，少年登科。有先富而後貧，有先貧而後富。

蛟龍未遇，潛身於魚蝦之間；君子失時，拱手於小人之下。

天不得時，日月無光；地不得時，草木不長；水不得時，風浪不平；人不得時，利運不通。

昔時也，余在洛陽。日投僧院，夜宿寒窯，布衣不能遮其體，淡粥不能充其飢；上人憎，下人厭，皆言余之賤也！余曰：非吾賤也，乃時也運也命也。

余及第登科，官至極品，位列三公，有撻百僚之杖，有斬鄙吝之劍，出則壯士執鞭，入則佳人捧秧，思衣則有綾羅錦緞，思食則有山珍海味，

上人寵，下人擁，人皆仰慕，言余之貴也！

余曰：非吾貴也，乃時也運也命也。蓋人生在世，富貴不可捧，貧賤不可欺，此乃天地循環，終而復始者也。

謀事在人，成事在天。姜太公八十而遇文王，孔明五四而歸天。

太公不是命長，安能扶周滅紂，孔明不是命短，司馬炎未必統一。

一長一短一得一失，豈非命也。

先聖孔子曰：禍福將至，善必先知之，不善必先知之。

凡學均無止境，命學何獨不然。

是以溫故知新，繼往開來，方能繼往聖哲學，命學方能日有進境矣。

哲學與玄學

「斗數命理是實用的」，這是紫雲先生的主張。命理是推論命運的理論、觀念及法則。「斗數命理」是指運用紫微斗數命盤變化的法則，推論命造者人生各方面的起伏消長，吉凶演變。

命盤格局變化，屬於玄理。人生過程實際的起伏消長則是常理。常理易於理解，而玄理，則難理解。常理可依經驗法則歸納，相對而言，玄理卻屬經驗法則之外。脫離常理，玄理並無立足之地。對玄理的探討，必須從常理下手；若要求得常理通透，則必須結合玄理。

人生遭遇，若沒有經驗，也不吸取他人的經驗，常會無所適從，但僅憑經驗，也難免陷入預期之外的泥沼。如果只相信玄理，漠視常理的限制，常常是「未蒙其利，先受其害」。玄理，不是神秘的道理，不是獨立存在的權威。但玄理既是在經驗法則之外，論命的工具則是提供一套獨特的思維，便於全面整合經驗法則。研究斗數學術，就是在探討，人生事實在命盤上所呈現的多樣性跡象。

研習斗數，心中要僅記一個基本概念，必須常理與玄理交互結合。若偏離人生常理，僅以斗數玄理為主，則所學到的，將只是癡人說夢，自說自話，或者是，不好笑的笑話。至於研習的目的，則是以實用為主。

論命若為求進退取捨的參考，要以實用為主；若為了趨吉避凶，更要以實用為主要訴求。斗數論命，不是在販賣斗數的神秘與權威，更不是用斗數命理單方面支配人生的方向。若是人生情理通透，論命時即使玄理的部份不甚理解，尚不致犯什麼大錯。若僅是玄理很有心得，又罔顧常理，危矣！研習斗數命理，在玄理上，固然要不斷深入探討斗數的內涵，另外更須以積極入世的態度，了解環境變遷及人生情理。若能充份體會常理與玄理交互結合的奧妙，很多傳統上似是而非的命理迷思，自然如晴空皓月，清楚明亮。

世界上的人，有富貴、貧賤、長壽、短命，都認為是命裡註定的。這種說法不能說他完全錯。因為一個人若是前世做好人好事，這一世自然是一個富貴、長壽的人。若是前世做壞事，這一世自然是貧賤、短命。這是平常的道理。可是我們要曉得還有特別的，就是命運可以改變的道理。若一個人本來命裡註定富貴長壽的，但他做了極大的惡事，等不到下一世去受報應，就在這一世變成了貧賤短命的人。也有一種人，本來命裡註定貧賤短命的，因為他做了極大的善事，不必等到下一世來享福，就在這一世變成了富貴長壽的人了。這種事自古以來，中國外國歷史上的事例很多。所以雖然說今世所受的都是前世所做，命裡早就註定。但是也不一定會被命運束縛，還要看他自己現在去創造。

孔子曾經說過：「不知命，無以為君子也。」也就是說如果不知道天命，那是無法當一個君子的。所以「知命」對每一個人而言是非常重要的。老天爺既然讓我們出生在這人世間，必然有它的用意，所謂天生我材必有用，便是這個意思。其實不管你是用哪一種命理工具，最重要的是能透過它來了解自己，知道自己的優缺點後而加以改變自己，突顯出自己的優點成為專長，在人生的旅途上揮灑出自己的光彩。學命並不迷信，它更是最有參考價值的工具，一個可以讓你知命掌運的工具。

而知命者是孔子主要的目的，是可以喚醒他人來從善，以避免災難的發生。這命字就是表達孔子她的使命和責任。孔子即領悟到天地大道的法則，要完成上天所賦予它的使命這是他的志向使自己，所做所為，如何能夠合乎大道。自己負有使命，必須設法去完成。這種使命的來源是天，所以稱為天命，命字之說也是孔夫子無論身在何處傳道，他懂順天者生的道理，他堅定此順天信念也使得孔子他自己不會遭到災害。

斗數辯正

月有陰晴圓缺，人有旦夕禍福，人的一生很難要求圓滿，但只求無愧於心，祿為因，忌為果，這就是因果的循環。佛家講求因果，命理更重視因果的觀念，許多因都是自己所種下的，俗話說菩薩怕因，眾生怕果。可見得忌星無所不在，而要解決忌星，一定要先從減少自己的慾念開始。改造命運第一步功夫便是痛改前非。人一生之運勢變化均與其本身的八字有密切關連。本書為使讀者們能確切掌握自己未來之命運，故採淺易白話、循序漸進方式編纂，讓讀者們能由淺入深地了解命理結構、解開命理之惑。進而能知命順命，知運掌運，以樂觀開朗的態度迎接未來的新生活！

在遊覽網站時，看到迷思的楚天雲闊先生，有關斗數的精采文章，特別這篇很有意思，值得深思！也是學習術數者常遇到的問題……。之前有跟他交手過，雖然有些論點是他自己的單純想法，不能怪他，但我卻有很多問題想跟他研究斗數辯正，但他卻將我禁止留言，不知道他在擔心甚麼，我也不得而知。以下是他學習斗數的感慨，我們來聽聽他的心聲。

「欲習神功，必先自宮？」研習斗數不必自宮！但是仍有十忌，此是多年研習累積，不是定理，但有緣得之。

一、忌在隨意，隨意則心意散漫，無可無不可，學習豈能有成？

二、忌在方便，世間既無方便人亦無方便事，方便者，不從師不購書不看書不練盤不思辨，只求圖個方便，或縱橫網域蒐羅下載免費資料，或擷取他人一段意見，或書肆之中一站，架上斗數書籍翻閱兩三章。彼以為甚得方便，實則真不方便也。

三、忌在貪多，貪多則無力咀嚼，舉凡各路技法，紛雜都來，或三合或中州或四化或理氣或紫微八字合參或紫微心占齊來，上下五千年縱橫台港陸，但見紫微便多方收羅，來者不拒，無力梳理！

四、忌在躍進，躍進者步法未熟已練輕功。如習三合，星曜本質尚未透徹，排了盤便照本宣科一番，或遇三分準頭，以為紫微不過如此。或遇七分謬誤，反而減少學習的興趣。尤其社會急功近利相沿成習，時間寶貴倡言步步為營，宛似說教，如此當然紮馬不深。

五、忌在褊狹，褊狹者以己之見為見，以己之聽為聽，以己之識為識，以己之師為師，以己之尊為尊，以己之學為學，以己之派為派，等等；凡所見所聽所識等，和自己所得不同，便以為旁人所學或所師從均是「偽學」，於是門閥、流派之爭，在所多見！

六、忌在追古，追古者以古為先，言稱希夷，以為三代以下無孔孟，卻不知斗數經多年的發展，實已和原始面貌頗見差異，一門學問是逐代累積增添或刪減的；但斗數根源本在紫微斗數全書及紫微斗數全集，此又不可忘其本源，大抵須溯本歸源與時並進。

七、忌在從新，從新者反以新為大，或稀奇古怪自立一法，比如早年斗數的排盤原是方的命盤，但亦見過有圓的命盤，而今又幾人用圓的命盤呢？又如早年斗數有三元過宮之法，一時間捲起斗數界無邊浪花，但事隔多年而今安在哉？類此從新之例近年仍未見消散，如斗數三國化或逕以某星比擬劉備某星比擬關羽，其意也許從善為多數人看懂之意，但亦引致對斗數之誤解。新的立論或技法並無不可，只是都須二三十年長時間的考驗，市場的自然法則會解答這個答案。

八、忌在神化，神化者分上下兩端，上端者為自己或其師尊門派搞造神運動。下端者多是景從之人附合其間，一呼則百諾。神化者亦有強將斗數宗教化、術士化、神秘化之趨勢。

古往今來一個人物搞神化多見敗朽，而一門學術搞神化多見衰頹。我輩遇此當然不必正面爭辯，但瞭然於胸亦不必再為此種舉旗敲鼓，助長其燄。君不見甚多異教上師，眾人呼擁，多方奉養，豪奢淫佚怪誰？怪所謂的上師？還是更怪一干徒眾？

九、忌在不思辨，不思辨則人云亦云，凡書冊資料講義甚或命理網站各種文章，包含本部落格之文章，每一閱讀都須思之再三，而後取其菁去其蕪，更須審度其中差異，不思考的學習是蒼白的。

十、忌在好算人命，幫人算命是初學斗數者最為氾濫成災的，如果理未必明法未必巧。即披掛上陣立意雖是熱誠，但有時卻是對所算之人之誤導。然而這是兩難，因為所有理髮的學徒都必須拿客人實驗的，這是無法的事，只求初學者至少話留三分，多方驗證了。以上十忌，是吾人的心得，因為我也是這個歷程而來的。十忌每一種我都經歷過，也因如此前人的錯誤萬勿再令後人輪迴！

我補充結論是「天作孽，猶可違」。天命所作的不善是可以改變的，我們修善積德就可以改變的。我們一般講的「命運」，是可以改造的。自作孽，不可活。自作孽是這一生自己造作的不善。天作孽是宿世的，過去生中所造的惡業。這一世所得的不善果報可以改，這就是宿命可以改。現前造的罪業，那就沒辦法了。現前繼續再造，你就不會改過。過去有惡因，現在再加惡緣，必定結惡果。過去有惡因，現在斷惡緣，雖有惡因不結惡果。這是一定的道理。

斗數零談

有人學紫微斗數是要開館賺錢，有人學紫微斗數是興趣使然，不管你的動機如何，先人的智慧與血汗，你領悟到了甚麼？紫微斗數命盤中千變萬化，你又發現了甚麼？一位命理師執業一輩子，很難得算到兩個相同的命例。也就是每一個客人，都是一個新的挑戰，這種情況下偶而出錯在所難免。當今研習命理風氣盛行，最近經濟景氣不佳，算命業一枝獨秀。有些研究命理的同道，不管是初級、高級，或是已進入到融會貫通隨心所欲之境界者，隨意在人潮多的地方租屋開館執業，或透過第四台、電台招攬生意，由於其中程度參差不齊，更有假藉命相之名，而行詐財騙色之實的惡徒，自毀清譽，實為命理同道之罪人，亦為法理所不容。所以我以孔子的故事來跟大家分享。

楚昭王聘孔子，孔子往，拜禮焉，路出於陳、蔡。陳、蔡大夫相與謀曰：「孔子聖賢，其所刺譏，皆中諸侯之病，若用於楚，則陳、蔡危矣。」遂使徒兵距孔子。孔子不得行，絕糧七日，外無所通，藜羹不充，從者皆病。孔子愈慷慨講誦，弦歌不衰，乃召子路而問焉曰：「詩云：『匪兕匪虎，率彼曠野。』吾道非乎，奚為至於此？」

子路慍，作色而對曰：「君子無所困，意者，夫子未仁與？人之弗吾信也；意者，夫子未智與？人之弗吾行也。且由也昔者聞諸夫子：『為善者天報之以福，為不善者天報之以禍。』今夫子積德懷義，行之久矣，奚居之窮也？」

子曰：「由！未之識也。吾語汝：汝以仁者為必信也，則伯夷、叔齊，不餓死首陽；汝以智者為必用也，則王子比干不見剖心；汝以忠者為必報也，則關龍逢不見刑；汝以諫者為必聽也，則伍子胥不見殺。夫遇不遇者，時也；賢不肖者，才也。君子博學深謀，而不遇時者眾矣，何獨丘哉？且芝蘭生於深林，不以無人而不芳；君子修道立德，不謂窮困而改節。為之者人也，生死者命也。是以晉重耳之有霸心，生於曹、衛；越王句踐之有霸心，生於會稽。故居下而無憂者，則思不遠；處身而常逸者，則志不廣，庸知其終始乎？」

子路出，召子貢，告如子路。子貢曰：「夫子之道至大，故天下莫能容夫子，夫子盍少貶焉？」子曰：「賜，良農能稼，不必能穡；良工能巧，不能為順；君子能修其道，綱而紀之，不必其能容。今不修其道而求其容，賜！爾志不廣矣，思不遠矣。」

子貢出，顏回入，問亦如之，顏回曰：「夫子之道至大，天下莫能容；雖然夫子推而行之，世不我用，有國者之丑也，夫子何病焉？不容然後見君子。」孔子欣然嘆曰：「有是哉，顏氏之子。吾亦使爾多財，吾為爾宰。」

上段我用白話是這樣翻譯的：

楚昭王向孔子通問致意，孔子前往，想要答拜楚昭王。當行進到陳國與蔡國之間時，陳、蔡兩國的大夫互相謀劃著說：「孔子乃當今聖賢，所揭露與嘲諷都正中諸侯各國的弊病。如果他為楚國所用，那陳國和蔡國就危險了。」於是派出步兵將孔子阻止在路途中。

孔子和眾弟子沒有辦法前行，以致絕糧七日，與外面也無法往來，就連粗劣的食物都不夠充飢，隨從很多弟子因此很懮慮。然而此時，孔子卻愈加意氣風發地談論講習，授業不倦，還弦歌不斷，絲毫不受影響。一日，夫子將子路召過來問道：「《詩經》上說：『不是野牛也不是老虎，總是沿著空曠的原野在走。』難道我所堅守的大道錯了嗎？為什麼會落到今天這個地步呢？」

子路聽了很不高興，變了顏色答道：「有德的君子是不會困乏的，今天這樣子，或是夫子還未達到仁的境界吧？所以別人才不信任我們啊；或者，是夫子還未達到智慧的境界吧？

所以別人才不讓我們前進。我以前聽夫子說過：『為善之人，老天必定報之以福，為惡之人，老天必定報之以禍。』現在夫子長久纍積德行，心懷仁義，已經力行很久了，卻為何還會處於如此困窘的地步呢？」

孔子聽了子路的疑惑，便為子路開解說道：「子路啊，你還沒有認識到呢。且讓我來告訴你：你如果以為仁愛之人必能獲得信任，那麼伯夷、叔齊就不會餓死在首陽山了；如果你以為有智慧的人必定會為諸侯所用，那麼王子比干就不會被剖心而死了；如果你以為忠誠之士必定得到好報，那麼關龍逢就不會遭到刑戮了；如果你以為直言勸諫，他人必定聽從，那麼伍子胥也不會被賜死了。」

由此看來，一個人能否遇到良好機緣，是時機的問題；一個人賢與不肖，則是他的才能問題。君子博學且有甚深的謀略，但是懷才不遇的卻大有人在，豈僅僅只有我一人呢？而且芝草幽蘭生於深林之中，並不會因為沒有人欣賞就不散發芬芳；君子修身養性，成就道德學問，也不會因為窮困而改變節操。盡力而為是人的本分，生死富貴是命運的安排。

因此，晉國公子重耳有建立霸業的思想，是因為被衛國與曹國羞辱。越王句踐有建立霸業的思想，是因為會稽之圍。故身處下位無憂無慮之人，心思不會太遠大；對待自己沒有什麼目標，好逸惡勞，志向不會深廣。如此，怎會曉得他將來結局如何呢？」

子路聽了有所領會，於是向夫子辭謝而出。孔夫子便又召了子貢進來，像問子路一樣地問他。子貢說：「夫子您的大道至大至深，因此天下沒有地方可以容納夫子啊！夫子何不稍稍壓低一點標準呢？」

孔子聽了，說道：「子貢啊！一個好的農夫能種植莊稼，卻不一定能夠收穫；良工巧匠能製作精巧的器具，卻不一定能盡如人意。君子能夠修養道德，處理好政務，也不一定能被別人接受。如今我們不能修養道德，卻尋求容身之所，子貢啊，你的志向還不廣大，思慮還不夠深遠啊！」

子貢聽後，也感到自己的不足，於是拜謝夫子而出。待顏回進來，孔子也像問前兩位一樣問他。顏回說：「夫子的大道至大至深，天下沒有能夠容納之所；雖然如此，夫子還是盡力推行大道，這個世間不能用夫子，是諸侯的恥辱啊，夫子您有什麼問題呢？正是因為世間容納不下，方顯出君子的本色啊。」孔子聽了顏回的話，非常欣慰，感慨道：「有這樣一位學生，顏氏之子啊，假使你有很大的資財，我願意為你輔佐，多麼志同道合啊！」

陳蔡絕糧，是孔老夫子周游列國十四年過程中，處境最危險的一次，幾乎性命不保。但我們通過此文，看到的是夫子並沒有因被困斷糧而有絲毫煩惱，反而更加精神抖擻地講學，弦歌不衰。並且，夫子還利用這次逆境，對弟子們因材施教，循循善誘，使人大受啟發。子路直心直性，內心對如此困境很不理解，因此懷疑老師是否不夠仁愛而失去信任呢？還是智慧不夠而感召到困窘？為什麼夫子積德行義如此之久，還會遭受困厄？

孔子於是告訴他「一個人能否遇到良好機緣，這是時機的問題；一個人賢與不肖，則是他的才能問題」。並且告訴他「芝蘭生於深林，不因無人而不芳。君子修道立德，不謂窮困而改節」。盡力而為是人的本分，生死富貴是命運的安排。故君子即便身處下位，也憂患家國天下的大事；居於窮困之所，也能有深遠的謀慮。如此纔會有長久光明的前途。

子貢雖然能認識到夫子之道至大至深，但卻認為既然此道為世人所不容，是否可以降低道德標準，來暫時尋求一個容身之所。夫子慨嘆地告訴他，人生在世最可寶貴的乃是修養道德，至德的大道是不可以降低標準的啊，怎麼可以為一時窮困而苟且偷生呢？並希望子貢志向更加堅定，思慮更加深遠。

顏回，則是孔老夫子最得意的門生，對老師所奉行的大道瞭解通透。當孔子以同樣的問題來問他的時候，他和老師一樣，不被眼前的困境所障礙，也明瞭大道不為世容的原由，於是說：「世不我用，有國者之丑也，夫子何病焉？不容然後見君子。」他堅守正道之心，與夫子並無二致。

看到學生如此體解大道，孔老夫子不禁非常開懷，感慨道：「使爾多才，吾為爾宰。」

由此可見，明白道理的人，總是真正有智慧的人。可若我們處於如此窮困絕境之中，又會如何面對呢？一般人難免會生出不悅的心，甚至懷疑起聖賢人，懷疑起自己來。是不是真正在力行大道呢？怎麼做了好事還會受挫折？怎麼對人好，人家反而傷害自己？又或者，責怪他人不理解自己的努力、奮鬥和苦心，甚至發展為自暴自棄，放棄修學；另一方面，也可能有人會改弦易轍，屈從現實，於是降低道德標準，如此，不知不覺就隨波逐流。然而，在俗世的濁流中，也仍會有人內心篤定，從容不迫，堅持正確的方向，就猶如涓涓清泓一如既往地向前流淌，潤澤群生，使道德的光芒越發燦爛，照耀萬世。

綜觀孔老夫子一生，何嘗不時時處處「在厄」呢？幼年喪父，少年喪母；道德學問高深至極，仕途卻終生不順；周遊列國，不被重用……種種情形，若換作一般人，哪能經受得如此多的障礙和打擊？然而夫子生命不息，奮鬥不止，以一顆博大寬厚的胸懷包容這一切，明知不可為，卻仍然盡力而為之，也使得這大道能流傳至今，利益千秋萬代的子孫。因此，啟發我們處逆境之時，不要灰心喪氣，能看到時節因緣變化的道理，沉心靜氣，自我砥礪，將會迎來更加光明燦爛的一天。

五術基本認知

中國五術——山、醫、命、卜、相，這五種即是算命師必須通達的智慧。要了解一個人的過去未來現在，就必須先了解宇宙的運行。追溯五術根源，發現五術（山醫命相卜）皆源自道家，老子《西昇經》中有云：「我命在我不在天。」天乃大自然，瞭解祂就可「順其自然」地運用祂，於是發展成五術。。五術是中國古代文化中極為重要的組成部分，是對龐大複雜的道術（如以西方說法也就是所謂巫術）系統的最主要的分類，一般認為包括山（仙）、醫、命、卜、相五類。五術的（山、醫、命、相、卜）基本構成，都是源自易經，易經涵蓋時空，宇宙的萬事萬物，都陰陽相互對立又能相互轉化，如冬去春來，夏去秋來，月升日落，老死少生等等。

【山】：就是利用其含概靈修、養生、靜座、武學、食療、築基、玄典、符咒等方術來修練肉體與精神，以培養完滿人生的精神為主的占術，研究人的身心雙方面的發展。因為多半在山中修業，所以稱為【山】亦稱『仙道』。第一階段為《玄典》，接是《養生》，最後是《修密》。物心兩面的修養、鍛鍊心身的術法。由修鍊肉體和精神，加強心身為主的術法。

◇養生：是利用「天丹、人丹、地丹」的方法，以造成強身體的階段。天丹法又叫「築基法」；人丹法又叫「房中術」；地丹法又叫「食餌法」。簡言之，以靜坐呼吸實行的方法為「築基法」；與異性交接而實行的方法為「房中術」；以膳食或漢方藥物的方法為「食餌法」。

◇食餌：餌是利用補藥酒及日常飲食以增進體能，治療疾病的一種方法。

◇築基：築基是利用禪、靜座法以控制精、氣、神，進而增進體力的一方法。

◇玄典：玄典就是研讀《老子》、《莊子》、《西遊記》之思想，進以清淨自己的心段的精神而達修身養性的一種方法。

◇拳法：拳法就是習練各種武術以增強體魄。

◇符咒：符咒就是掌握人心，避邪鎮煞，以達保安心思給予人類心靈上的寄託與治療。

◇丹鼎：利用靜座與呼吸法及食餌法的天地人三法，謀求身心雙方面之化的方術。

◇修密：藉著意念（是統一精神的行法）或符咒法術，以增強身心的能力階段。

【醫】：『醫』可分為三大類，《鍼灸》《方劑》《靈治》等三種方法，以達保持健康、治療疾病的一種學問，是以治療疾病為主體的術法。【醫】就是治病、保護的方術。這裡所謂的「醫」是指「中醫、漢醫」；由於漢方醫學沒有副作用，現代人一再提倡漢醫學復活已漸受重視。「醫療」是保護人類的健康、治病的術語。

◇方劑：是使用藥劑治病的術法，又叫做湯藥，以漢方獨特之診斷法四診，是據「實虛、熱寒」等証來治療疾病的一種方術。以求治療人的疾病的治療方劑，又應用易卦去整理藥劑的處方。

◇鍼灸：鍼灸就是利用人的脈絡、氣血循環的原理以鍼和灸來治病。以診斷法四診，而決定證應六十四卦及十二支以鍼灸治病的醫術。

◇靈治：靈治就是利用掌握人的靈體氣脈，因氣行靈體不順導至生病，用大自然來靈治的醫術。如：【收驚】。另一種現代方術稱為【催眠】。

【命】：『命』的占術是占卜「人」的事體，因此須以人的「以生年月日時」為基本探求人之命運。其論命方式以紫微斗數、子平八字推命術、星平會海等方式來瞭解 人生，以窮達自然法則，進而改善人命運的一種學問「斷易推命」、「六壬推命」、「奇門推命」、「太乙推命」這些只能說是占術的運用，並不是【命】的主流。

【命】是以推定人的命運，進而達到趨吉避凶的一種學問。

◇紫微斗數：是運用「虛星與天干、地支」的占術，由宋朝陳希夷仙人根據「河圖」

「洛書」所創的占術。斗數派別可分為兩大主流：一是以《星系為主》；另一則以《四化為主》。《星系為主》以十四主星所組成六十星系，彼此互相干涉所產吉凶互應，經整理成《紫微星訣》為論理依據。《四化為主》以紫微星辰為經，飛星四化為緯，相互對待，互生體用，其論理依據《斗數秘儀》。

◇子平八字推命術：八字推命是運用「天干與地支」八字五行生剋刑沖推衍吉凶的占術。相傳於戰國鬼谷子用《前定命數》取其年干、時干為人論命，由唐朝李虛中整理《李虛中命書》以年為主為人推命，再經宋朝徐子平《淵海子平評註》改以日為人推命依據，後經明朝劉明溫《滴天髓》加以闡微。以生年、月、日、時為基礎，推出十干配合季節論其五行生剋，占卜人之吉凶成敗禍壽夭。

◇星平會海：星平會海就是利用人之八字，以月亮、太陽為中心，來推人之命運的一種占術。

◇星宗：是運用「實星、虛星與天干、地支」的占術，不但需要天文學的知識使用實星，同時也用到虛星，演算法極為複雜，其論斷先觀主曜，次察身星，當以二十八宿為本，十一曜為用，尊莫尊乎日月，美莫美於官福，貴賤定格，貧富論財，賢愚識其高卑，壽夭究其元氣，此先天之大要。

【卜】：所謂『卜』包括占卜、選吉、測局三種，其目的在於預測及處理事情，其中占卜的種類又可分為「周易占卜（文王卦）」及「六壬神課」。【卜】是以一種藉「事情發生的時間」、「占卜的時間」以及事情發生地點的「方位」，來推算事物的演變及判斷處置方式的一種學問。【卜】以事件為主的占術，是以某一時間與方位為基本，以研究事件發展的趨勢，以物體之狀態為主之占術。

◇占卜：包括斷易及六壬神課。斷易是以佔得之六十四卦配合變爻加上日辰及月建來斷占卜事物吉凶的一種方術；「六壬神課」是以占卜時間的十二支、占卜月的季節、占卜日的干支時辰及其衍生之「虛星」來斷某種事物成敗吉凶的一種方術。

◇選吉：一般可用奇門遁甲：是以十天干及十二地支構成占術，以方位為生，來預測事物成敗吉凶之一種方式。

◇測局：一般可以太乙神數為之，來預測團體所為之事物吉凶成敗。

【相】：所謂『相』一般言包括：印相、名相、人相、宅相、墓相等五種，是觀察存在於現象界形象的一種法術。

◇印相：就是依使用目的來推算印章上，文字吉凶的一種學問。

◇名相：就是一般所謂的「姓名學」是依姓名的字、音、形、五行，來推算姓名的吉凶方術。

◇人相：包括面相及手相二種，面相是以面為中心，以十二地支及星球所構成之理論來推算吉凶。手相是以掌為中心，以十天乾和星球間之關係理論來推算吉凶。

◇宅相：宅相就是陽宅，是以十天干及十二地支之理論來推算房屋之吉凶。

◇墓相：墓相就是陰宅，是以十天干，十二地支及易學之理論來推算墓向及位置之吉凶。陽宅和陰宅兩項合起來就是「風水學」。

紫微八字初探

目前社會流行一種江湖神煞算命法。算命先生手指一掐，當場口宣玉音曰「今年沖犯太歲，白虎照監，當心患病，家宅不安，會有破財現象，怕是劫數難逃」；或是說「喪門弔客，二星照耀，陰煞破碎糾纏，今年家中會有喪事，應要有思想準備」。還有人排出「八字」鐵口直斷「命帶桃花，一輩子感情問題較多，要謹慎」。這類論斷有個共同點，完全不必推論，也無須觀察歲運的消長，該結論有時卻奇準確無比，類此之舉太多了。你能承認那是一種學理嗎？你也許會說他就是定命論者，但該結論有時絕對錯不了。而實際上「神煞」

論命法在「書房派」的命理學家眼中，大都不屑一顧。但是「江湖派」的術士，卻視為瑰寶或不傳之秘，而且應用在論命實務方面往往得到很高的準確率。另外在諸多四柱命理書籍中都有它的足跡，不論是過去還是現在。上面的論斷方式是根據《星平會海》卷四《流年通天賦》有「喪門白虎哭聲頻」，「白虎乃重喪之客」，「弔客主門庭之孝」等語。那麼「神煞」的起源於何時？經大量的資料書籍考證是起源於宋代盛行的一種推命術「七政四余祿命體系」，但是在這個方面問題，無論你拜師也好，拜書也好，各個命理大師對此都未講到痛處和點上，而且還有各自的看法。關於這問題前幾年國內易學刊物對此出現過一段小插曲，可惜這個爭論沒有繼續引深探討下去，如果要真正瞭解「神煞」的真面目，我們還是要腳踏實地考證歷史，瞭解整個命理學的發展史，才能真正地探索它的奧秘所在。

史書上記載，大約從南北朝的後期，自印度傳入了西方流傳已久的星占數。它是按人出生時的各個星辰在黃道十二宮的位置來決定人的祿命，根據祖先創造的陰陽五行學說對之產生了重大的推動作用，天有太陽，月亮，金星，木星，水星，火星，土星與陰陽五行的觀念很容易相結合到一塊，那些具有革新思想的星命家認為人的命運受星象的影響，實際上是通過星象的質，也就是五行之氣所傳遞的，人生由星象獲得的不同的五行之氣，因而就會有了各不相同的命運。由此可見星宗命理學的骨架是以天文學為基柱，故稱之為星占推命術，又名五星術，所謂五星術也就是後世稱為密宗星學。到唐代時期自西域傳入的五星術更為流行。史料記載由唐貞元年間（公元七八五至八〇五年）一位來自西域康居國的術士李弼乾傳來印度的星命書《聿期經》大大推進了中國推命術的發展，從此曆法及生辰年月成了推命術的重要因素之一。至北宋後體系逐步完善，因此五星術和子平術便是在中國發展成「星命術」兩大流派。其中琴堂五星是七政四余祿命學體系中名氣響叮噹的一個支流，其流源出於密宗真言宗，祖師一行禪師（公元六八三至七二七）俗家姓名張逐，傳世之書有《虛實五星源流》傳至青成山僧椿，椿傳之江西僧普澄，澄傳之浙江四明僧慧明，明又傳於遼代國師耶律楚材，耶律這個家族是遼代著名貴族，出了很多達官和文人學士。《星命總括》三卷是遼代翰林學士耶律純著，但史書不載耶律純其人，故《四庫提要》疑為出於依託，可是卷首載郡律純「原序」一篇，寫於統和二年（公元九八四年九月十日）《文湖閣書目》載為一部，不分冊數，《錄竹堂書目》作五冊，但不載卷數，此書見載《永樂大典》和《四庫全書》，外間別無傳本。另外《虛實五星源流》此書同時又被天界寺珍藏，在洪武六年又授蒼季董（宗舒）。今傳本多為《琴堂五星》，《指金虛實五星天機七五賦》，由此可見「琴堂」是自成一家為星宗分枝。還有可考證星宗書籍，如《張果星宗》在《四庫命書》中記載，張果著《星命溯源》他的身世在《新唐傳・方伎傳》和《太平廣記》中有記載，《四庫全書》還記載有《禽星易見》是明朝池本理著，江西贛州人，《明史藝文志》載有四卷，書中有提及弘治十七年（一五〇四）和成書年代《望斗經》見載於《古今圖書集成》未載作者和成書年代書中說五星各個星性情，似在明初哈麻譯《天文書》之後，但《望斗經》另有傳說是唐代國師袁天罡與李淳風合著卻無從考證。還有《星平會海》《星命大成》等著名星宗經典著作與子平術經典著作如《三命通會》等書共齊名，並流芳百世。到了宋代五星術和子平術相結合，牽繫《易》辭卦爻，河洛，西文星辰十二宮等又創造出更複雜的，五花八門的推命術。斗數的原形就這個時候出現，但其系統體系不完善。

到了明朝開國之君，朱元璋執政後期，曾下令民間禁習天文，所以以天文為骨架的星宗命理學逐漸沒落，直至明朝末年禁習天文法律解除，而斗數乃在禁習天文學空檔時推出，而且系統體系在逐步完善，《陳希夷紫微斗數全書》，《十八飛星策天紫微斗數全集》這兩部著作就在這時候出現，但作者不詳，考證原書為宋陳摶著，載在《續道藏》書中，而紫微斗數的名稱命名正試從這時開始，雖明朝在禁習天文學，但國家機構還是有專設管氣象，天文的官員稱為「欽天監」，此學術在皇家宮庭中繼續得到發展。因時代環境的因素，斗數被披上一層面紗，增加了它的神秘感。所以此術別名又稱之「欽天監秘笈」。明末清初，西洋天文，算術隨著傳教士穆尼閣，湯若望，南懷仁等傳人中國。這時七政四余祿命學及擇日學又興起，加上子平術學更加盛行。子平術同時也從星宗命理學中吸取特長。神煞應用也在四柱中大量的出現，而紫微斗數就更少為人知，更加神秘了。

直到近代世界格局發生了激巨變化，時局的變遷，經濟環境的變化，易學界隨之發生了變化，到五十年代，紫微斗數名家陸斌兆到香港曾公開為推算命造，方式獨特，準確度及佳而名噪一時，又設班教授。這時期同齊名得還有紫微斗數北派高手張開卷。七十年代紫微斗數高手張惠蒼、王亭之陸續出山，特別是王亭之授班後。「欽天監秘笈」洩露出江湖，易學界各流派為它來源出現各種爭議，為了平息這種爭議，王亭之決定並出版了一系列紫微斗數書籍，《王亭之談星》《王亭之談斗數》《中州派紫微斗數初級講義》《中州派紫微斗數深造講義》《紫微斗數講義》（一）（二）補註（陸斌兆原著）《王亭之談斗數與玄空》《安星法及推斷實例》書籍，一時洛陽紙貴，各種爭議不功自破，這時紫微斗數展示出它的魅力，在易學界各種學術流派中脫影而出。七十年代末，八十年代初就爆發一場學習紫微斗數熱潮，成為整個東南亞一股新主流。

天地人基本原理及應用

奇門遁甲等三式預測法，都有天盤、地盤和人盤，以對應天地人三才。奇門遁甲的天盤列九星，人盤八門八神，地盤八卦干支。紫微斗數預測體系是對宇宙世界演變規律的有機類比，也是應用天地人三盤進行象數推演的，象徵三才的天盤、地盤、人盤構成了斗數預測的基本三要素。然諸書對其概念和應用原則闡述不一，給初學者帶來不少學習疑難。參照諸書之說，結合實踐體驗，將自己的觀點摘錄於此，敬請諸位同道一起探討研究。

一、干支、宮位、星曜三要論斗數論命，將命盤劃分為「二十二垣」，對應於自然界的十二節（月）、十二時辰，人體的十二經脈等等。十二垣分屬十二地支，依據生年天干十二地支又分別與十天干相配，組成十二個相對穩定的「家庭」，這十二個「干支家庭」組成了斗數的地盤，象徵相對固定而又各具特色的十二地域。命宮、兄弟等十二宮，組成斗數的人盤，象徵著豐富多彩的十二個人事領域。紫微、天府諸星曜，組成斗數的天盤，象徵來自宇宙天體複雜而又直觀的諸多影響因素。天地人三盤中，地盤為體為陰，天盤為用為陽，人盤為天地兩盤的契機紐帶，是溝通二者的橋樑。就地盤和人盤而論，地盤為體人盤為用，體用比合吉利相克為凶，比如事業宮居子為事業方面多開創雖艱難而有所成、為吉，而夫妻宮居子雖夫妻生活豐富多彩然易生事端、為不美；田宅宮居四墓為家居穩定，若在四馬之地則多奔波變遷。

就天盤和人盤而論，人盤為體天盤為用，體用比合吉利、相克為凶，比如天機星落在命宮、兄弟宮最吉，在命宮會祿存主成為擁有特殊技術的風雲人物；落在疾厄、福德宮則不吉，在疾厄主神經系統易有毛病，在福德主勞神操心、總想不開等。就地盤和天盤而論，地盤為體天盤為用，體用生合吉利、沖克為凶，比如太陽星居卯辰巳午為廟旺，丑未平和，申酉戌亥子落陷，廟旺作用最大，落陷作用很小且往往起相反作用，具體情況要結合人盤這一機紐（橋樑）而定。例如太陽入命，主官貴或有政治生涯但一生難免辛勞奔波，在卯地為日照雷門（日出扶桑）格，主做事積極、人緣佳、易獲名聲等；在亥地格局差，主一生奔波勞碌多是非、六親無緣。

斗數河洛理數

河圖、洛書的各種法則，不特在風水學中經常應用到，即使在其他的術數上，亦常有它的影子存在。在易經繫辭傳曰：「河出圖，洛出書，聖人則之。」因此河圖洛書可以說是中國術數的根源。紫微斗數是易學難精，所以我以深入淺出的筆法闡述如下，易有太極，生兩儀，兩儀生四象，四象生八卦．太極是指卦畫或卦象形成之前混而為一的狀態，而紫微斗數是以「圖化四象」；簡稱四化。天地之所以能長養萬物，就是有春夏秋冬，寒來暑往的交替運行，萬物才能展現生、長、化、收、藏的生命現象，所以春生、夏長、秋收、冬藏，必然也有其基本的組織系統與特性，如今要研究紫微斗數就必須要對干支陰陽有深刻的認識，方能依理追尋通玄達妙。

玄空三元：天干又名（天元），地支又名（地元），地支所藏之干名為（人元），三者合稱三元，再加一元則一元復始，萬象更新，現今稱之玄天四元，而氣化玄空飛渡十二宮，以象明理，以星明物，吉凶休咎順理應數而成，以之推論人命，富貴窮通禍福俱了知於胸。圖化四象，圖即河圖。河圖以天地合化生成五行，分列四方；即四象。

◎甲己為土運，一六共宗也；

◎乙庚為金運，二七同道也；

◎丙辛為水運，三八為朋也；

◎丁壬為木運，四九為友也；

◎戊癸為火運，五十同途也。

斗數玄機尚有許多見而未見玄機，則有賴無形的四化來追蹤其吉凶禍福，過去的斗數僅在命運的面上處理問題，今天有了四化星是可以針對了點來處理，精密度那要強的太多了，這是需要專業來解惑的，也防止三角貓功夫的江湖術士來誘騙詐財行為。換言之，紫微斗數乃源於河洛易理，已是不爭之事實。有關河洛之「易」，亦是指日月、陰陽之變也。所以斗數非僅有「斗」，還有「數」，「數」的涵意即是變化也。四化通變簡述四化斗數論命，依據的是「一六同宗、九宮藏氣」的河洛原理，以此推演出我宮、他宮之概念。為何六、九如此重要？其根由恰如一個完整的人（命宮或曰一宮）是由肉體（六宮）和靈魂（九宮）組成一樣，這也許就是古人總以坐北（六）朝南（九）為基本座標的主要原因吧。

命為一，則疾厄為六，官祿為九；官祿為一，則兄為六，財為九；財為一，則田為六，命為九。故此，斗數論命以命、兄、財、疾、官、田為我方，其餘宮位為他宮。他宮之化曜入我方，表示他來成就我什麼？損我什麼？通理，我宮之化曜入他宮，表示我損他什麼？益他什麼？四化斗數論命，還有一個重要概念，即「父疾線又叫文書線，主名；兄友線又叫成就線，主利。」何也？疾厄為我之肉體，父母為遷移（我活動之空間）的疾厄（肉體），「雁過留聲、人過留名」，名聲是靠文字流傳延續的，故父疾線又叫文書線，主名。兄弟為官祿的疾厄（肉體），交友為夫妻的疾厄（肉體），二者皆為實實在在的東西，分別代表著我之社會和個人成就的實物標本，故兄友線又叫成就線，主利。

老子有云：「道者，規始於一，一而不生，故分而為陰陽，陰陽合和而萬物生。故曰：一生二，二生三，三生萬物。」另依「河出圖，洛出書，聖人則之。」之說法，當初聖哲畫卦的取（—）以象陽，取（--）以象陰，陽表示剛健，陰表示柔順，所謂「一陰一陽之謂道」，是以衍生出所謂「易有太極，是生兩儀，兩儀生四象，四象生八卦，八卦定吉凶」之理則。談河圖，河圖數是由一至十，共有十個數，此為天地之數，亦即自然萬物之數，為先天之象，象天。若將其中之陽數相加為25，陰數相加得30，陰陽相加共為55。因而古人說：「天地之數五十有五，以成變化而行鬼神也」，即萬物之數皆由天地之數化生之意。

再說斗數乃源於河洛之學，易者即是陰陽之運用，當然與老陽、少陰、老陰、少陽等息息相關，老陽、少陰、老陰、少陽在斗數言，乃四化象也！祿為少陰（4.9）、權為老陽（2.7）、科為少陽（3.8）、忌為老陰（1.6），這是先天河圖的體，先天轉後天為洛書之用，亦即少陰（4.9）、老陽（2.7）易位，故斗數之祿忌也是老陽、老陰之用；權科是少陽、少陰之用，即陰陽之運用，更是象數之用。在網路上曾看過有篇談起「紫微斗數豈無數」數藏於飛星紫微中「星宮之數」之文章，其言及「鐵板神數」、「諸葛神數」和「六壬神數」等等，都有一大堆的數字和數的運用，偏偏「紫微斗數」有數之名卻無數之實。飛星派秘儀之根基「十八飛星紫微」，就運用了後天八卦、九宮飛星、河圖數和洛書數等演化出一系列飛星派的理論。所論星宮之數如下：

斗數之奇妙之所在，在於河洛理數之推演。以一為命宮，其十二宮之分佈為：一命，二兄，三夫，四子，五財，六疾，七遷，八友，九官，十田，十一福，十二父。

◎一六為水體數，火之用數。人有命也要有肉體，所以六為疾厄也，故人與命為一六之關系，是為一六共宗。

◎二七乃火之體數，土之用數。二為兄弟、同事、交友；七為遷移，為外交，為人際。常言道出外靠朋友，就是這個關係中看出來。此為二七同道。

◎三八乃木之體數，木之用數。三為夫妻，八為交友。有云交友與夫妻要一起看，就是三八而用的道理。先友後婚。看婚姻要先看交友宮，就是先友後婚之道理。

◎四九乃金之體數，金之用數。四為子女宮，九為官祿。官祿為人生之成就位。在家的觀念中，可以視子女為人的一生成就；不過子女也是代表桃花，有成就惹桃花了。

◎五十乃土之體數，水之用數。五，財帛宮為財，十田宅宮就為庫也。所以化祿入財不為實，還是會用掉的，入田才為實。

◎六十一和七十二就歸元。所以福德為人身心所受之福，父母亦代表在外之助力，為長輩，上司等等。

依據以上原理，我們就不難理解：官祿宮化吉曜入父疾線，一生前途光明，可求功名；官祿宮化吉曜入兄友線，一生頗有成就，可求財利，若吉曜不入而忌星化入則相反。十二宮均可各自為本宮，以其氣數宮（第九宮）之化曜應該宮之吉凶（如以財為本宮，命宮是氣數宮，其幹化吉曜入本命的父疾線表明在錢財上頗有成就，因為父疾線為財帛的兄友線），本命與行限之間以此類推。

申言之，紫微斗數設計乃起緣於「河洛易理」，故先哲有云：「龍馬負圖，先天之陰陽始備。神龜出洛，後天之理數方明。」於今科學昌明時代，我們暫不論龍馬神龜等穿鑿附會之傳說真實與否，唯紫微斗數之運用是藉河洛演易之理，來定天命，占卜人事進退得失、吉凶休咎乃為不爭的事實；而紫微斗數演易之整體法則──就在「理、象、氣、數」中。而紫微斗數之「理、象、氣、數」四個字，我們常在網路部落格、命壇或坊間出版斗數書籍中，皆有所耳聞，然不知是何原因，一般學術數者，均將其解釋的有如古人之文言文，使其蒙上一層神秘面紗，讓人看不懂，例如：「捨象不可言河圖、捨數不可言洛書、捨理不可言格物；觀象可知數、觀數可知氣、觀氣可明理」等文字描述，恐怕不管是初學或已經學習一段時間的斗數愛好者，要他（她）說出個道理，可能都是一頭霧水。

為了使同好能瞭解其意，我儘量試著以通俗白話來表達，盼能對正在學習紫微斗數者或同道，有所助益。「理、象、氣、數」是斗數之哲理，也可以說是斗數運用之理則或程序，簡言之，就如我們所學的數學公式一樣，當要解答一個問題時，必需依公式之理則程序代入，如此才可獲得正確結果或答案。下面就其內涵及法則作一說明：它的內涵就是理：「理」就是「道理」，將「理」寄予「道」中；「道」者，陰陽也。陰陽合成也即是太極之謂，故紫微斗數運用之理則，係以陰陽貫穿其中，來觀察宮、星、象之變化，以解釋宇宙之萬事萬物。象，就是現象或跡象，即表垂顯出某些事物之跡象。依「易理」來說就是四象。四象，老陽老陰少陽少陰也。就紫微斗數言，「象」者，即是四化象，乃指祿權科忌四化飛星落在命盤之垂象。氣：「氣」乃象化之一種流行或動態，因應本易、交易及變易等過程，就會呈現或產生出來不同變化吉凶。數：「數」指的是「空間」與「時間」，即斗數所謂之大限、流年、流月、流日等。

說來說去紫微斗數「理、象、氣、數」演易法則，概先以四化飛星在命盤之起落點觀察其垂「象」，而「象」經借干玄渡飛化後，形成本易、交易及變易等陰陽之變化，其呈現之吉凶就在「氣」，透過行運空間的徵驗，而應於地支時間之「數」上，並以「理」貫穿成一。一者，亦即所謂結果、答案。依上述法則可知，「氣」與「數」乃應乎行運，見諸於大限、流年、流月、流日，故學紫微斗數必須要先懂得「立極」及「象」之內涵，待整體深入通曉後，再循序進入「氣」（察吉凶）與「數」（應時間）學習，至於「理」則自會在其中。換言之，如按此方式與步驟去學紫微，當可避免自亂理緒，造成欲速則不達之情形。

目前命理界有太多的自命大師者，由於本身所學不得法，往往在某些瓶頸無法突破的狀況下，總是喜歡拿所謂「共盤」來當遁詞，因為其所學只是依斗數全書及古文賦星曜的三方四正、十二神煞來觀象而已，這在一般外行讀者看來，也都覺得很有道理，然而在真正懂得斗數命盤各宮位體用之週旋變化，人易四化，三易合一，遁門七星，九年遁法，奇門遁數，十干步天，真假之象，一路流星，同類與異類之轉化等等，有其入世與出世之訣。雖是相同命盤，但其格局之高低、其精神、物質、氣數之演化，有玄妙之法理。即要懂得歸三易於太極「理、數、象」；統三易於一盤「連山、歸藏、周易」；演三易「事天命、盡人事、斷吉凶」。

Chapter 2

別讓算命害了你

命理無所不在害人不淺

新聞有時會報導有人因為去算命而慘遭不幸！有的被騙錢，有的失身，更有的被控制人身自由而不自覺！為什麼會這樣呢？因為算命師的道德偏離了正道，所以才會有這樣的事情出現！那麼利用算命如何做出違反道德的事呢？通常總是利用人性的弱點以及人性的要害，並以知道一點術語來唬弄那些不了解算命的人，所以不能夠真正自主的人，就很容易被下「迷藥」而任其宰割了。例如很少人會沒事還去算命，因此你要來算命，那麼算命師就可以通包的說法來論命！例如改運騙術，恐嚇術語，靈異術語。

以下我就舉例說明算命最常見的說法：

一、你取的名字不好，要改名！
二、你最近運勢不好，要改運！
三、你的命理或八字有剋夫（父，子）等等現象，要改拜神！
四、你家的風水地理不好，要改風水地理位置！
五、你今年犯小人！
六、你今年犯太歲！
七、你今年有桃花劫！
八、你今年有財無庫！
九、你命中沒姻緣！
十、你命中雙姻緣！（意指離婚後又多次婚姻！）

十一、你命中沒官運！
十二、你命中沒子孫福！
十三、你印堂發黑，有凶象！
十四、你今年會有意外事故，因為犯煞！
十五、你身後跟著一個不是人的東西！（容易遇到靈的東西）
十六、你公媽有問題，祖墳有問題！

如果你原本只是單純的要尋求解決方式，但是聽了這嚴重的十六項其中任何一項，任誰也會心神不寧起來，然後在半信半疑的情況下，開始為了平安而半自動的上當！有時人的命不是不好，而是被嚇唬到的。算命師有的會「通包」跟說未來還沒發生的事情。比如說，你未來沒有姻緣，一定要來改運！或是你會有意外事故發生，一定要來化解等等，反正可以左說右說讓你不得不信服。

雖然我研究命理已不知多少歲月，也知道命運的軌道，其實就是佛教所說的因果，但是我認為知道命運並不能改善命運，只有念佛修行才能改善命運。因為每個人的命運都是累世的業因所累積而成，如果不能好好的透過念佛或懺悔等儀軌消除業障，因果報應必然如影隨形，雖然佛教也強調定業不可改變，但是透過念佛、佈施的累積功德，有助減輕業障，降低命運的不順，也能減輕災難的程度，這就是所謂的重罪輕報。

世間人常有一個錯誤的觀念，以為知道命運，就有辦法改變命運，例如改風水，用法術，請鬼神幫助或改名等，就因為有這樣不正確的觀念，所以很容易被江湖術士騙財騙色。殊不知，自己造的業因，必須自己透過修行、佈施、懺悔、誦經等方式來解決，否則就不叫做因果報應，這就是為何即使高僧都會有病苦的原因，即使佛陀也難免化緣不到食物，而不得不以馬麥裹腹的果報，了解因果的人，才知道因果如影隨形的可怕，因而不敢隨便造惡業。所以佛教對不信因果的看法，視為邪見之一。

世間人因不了解或不相信有因果，所以有什麼不順，就想算命改名，或調整住屋或陰宅的風水，雖然也有少數人碰巧改變了自己的命運，但是大多數人還是花錢不能消災，如果花錢就可以消災，就沒有必要畏懼因果的糾纏了。記得有一則報載，有一道士誦經團，北上要為人改運，沒想到發生車禍多人受傷，試想自己的命運都不能改，又如何能改變別人的命運。

俗諺云：「地理不精，斷人財丁；命理不精，誤人前程；醫理不精，害人性命。」命理的功能跟氣象預測以及醫療保健類似。命理學之所以存在的意義，正如其他科學一樣，需要秉持求知與不斷驗證的態度，經年累月之後才能演繹自如，成為生活中可用的知識和處事的智慧。命理有如外科醫師的手術刀，可以救人也可以殺人。從事命理諮詢的工作者，必須以人文的關懷和菩薩的慈悲心，用學識的基本理論為主軸，排除虛幻的頭銜，讓命理真正發揮正面的功能，幫助求教者瞭解自己生命之取向，展現本身之優點，避免曝露缺點，努力調整自己的腳步，全心開創未來的行運。

一位正派的命理師是不會過度包裝自己的，一大堆唬外行人的「理事長」、「專欄作家」、「雙碩士、博士」的頭銜，基本上就是本身缺乏信心的表現，以及執著於唬人的虛無表相，只是欲以頭銜誘人上勾及自我陶醉。命理乃僅是依易理學的邏輯理論分析可能的跡象，指導人類觀察宇宙，如何順應自然的千分之一法則而已。雖然算命的確相當可信，但在相信之餘，最重要的當是莫忘了自己的努力才是真正成功之道。假如聞吉則喜而妄形，聞凶則灰心喪志，那麼盡信不如不信。

命理有很多種，例如：姓名學、八字、紫微斗數、卜卦、手相、面相、風水……等等，而這麼多種命理方式裡面，我們可以從中獲得不少有幫助的諮詢，但是每一種命理都有其限制性與長處，如果我們誇大了某種命理的諮詢範圍，那麼就不恰當了，而且也不能得到正確的結果。在此有件事必須釐清，所有的算命（姓名學、八字、紫微斗數）論斷健康疾病內容是不能作為疾病診斷或治療之依據，亦無法取代醫師的診斷或治療。若有任何身心不適症狀，仍應盡速就醫，不可迷信。算命只是僅供參考，千萬不要本末倒置的以為算命是萬能可以無所不知。

佛經上說這世間有定法也有不定法，諸行無常，一切都在改變之中，也一切都會過去。每個生命都會歸於寂滅，諸有轉成空。所謂的定法即主定數，不定法即主不定數。以命理言，定數為先天之命格，不定數乃屬後天之環境因素以及個人自身的努力。佛陀本身並不讚同宿命論，認為每一個人後天的運是可以改變的，所以才有立命之學。

要學算命，就試著依我們中國古聖先賢經驗累積的易理智慧來解開生命的密碼！要學算命，不必以開業算命營利為目的！應是讓自己知所進退與趨避！不妨將自己的命盤當作一座氣象台，隨時觀察生命旅程的航路，你將可預知何時天晴天雨？何時會遇上亂流？如此就可把握自己前行的方向以及選擇適合於自己生存條件的環境，生命將充滿希望。

自從學習紫微斗數以來，常聽到很多朋友都是受到古早算命師的誤導，以為什麼都不用說，就能說得很準，好像有神明附身通靈一樣，都當作這是一門神仙在用的神奇術。想想看同年同月同日同時生的人，在全世界有多少，在有錢人家出生的，在窮人家出生的，有父母關愛的，父母不健在的，都會導致日後際遇不同，人格發展也不同，讀書的好壞也許三分天注定，七分就要全要努力了。以科學精神來說，這樣的道理與觀念，問命者應該了解，才不會被詐騙，論命者更該好好記住，才能真正對問命者有幫助。再者，很多命理先生在幫人算命的同時，都會批出算命者當下一些不好的運勢跟性格中的缺點，然後呢，就說要是改名字就能夠改運、改氣，不但可以消災解厄，更可以從此順遂、平步青雲。因為這些命理先生認為：姓名就是人生的運，所以改名字就是最快、最有效的改運方法，只要改個好名字，未來就可以一路平順、無風無浪，事業順利、身體健安，簡直可以說是改了名字以後，好比吃了天山雪蓮、練就九陽真經、功力大增，人生就此無災無厄，一帆風順了。我只有一句話，別傻了。

改名字真的就改運了嗎？如果這麼簡單就可以改運，那麼人人都改個傳說中的「好名字」，大家都改名叫「王永慶」、「郭台銘」、「張忠謀」，不就每個人都順順利利、富貴臨門了，或是乾脆改個「總統命」的名字，下一屆出來選總統了；既然如此，為什麼命理先生不改一個「大富大貴」的名字，何必要在這裡口若懸河、開館攢錢？事實上，改名字對人生運勢的改變不大，改名字真的有用嗎？我想您心中已經有了答案。全世界只有台灣相信改名字能夠改運，只有台灣的媒體會不斷報導觀落陰、前世今生、通靈等事，真是不可思議。所以是誰讓台灣如此沉淪？是你嗎？

改名改運迷思

改名可以改運嗎？有關這個問題，我想有必要再把它的作用講清楚，因為你不是瑕疵品。依據姓名的命名條件，必須參考它的命格，以命格中之五行作為命名的基礎。命名主要是補助命格的作用。譬如命格中缺乏金或水，則命名時，必須取金水屬性的名字作為遞補。根據我的經驗發現，最近常有朋友的抱怨，他們將被他人改過的名字拿來問我，為什麼改了名字還是運氣不好呢？為她改名的老師說：妳屬虎，所以名字裡不能有平字，因為虎落平洋，被犬欺。老虎必須有森林藏身等之論言，這是一件非常好笑的論據。對於生肖作為姓名學的說法，若非真正精通五行屬性者，概為穿鑿附會的說辭，不足為信。「古人說，行不改名坐不改姓，但很多人時運不濟就想算命，但你的名怎麼算都一文不名，因為你得改名，算命仙才能發財。」我常在想，有誰能幫算命的人算命，為什麼幫人算命的人都沒有好下場？

因此我建議大家，若真的改名字能改運的話，您可以將改過的名字拿來試試看？不要告訴老師這是改過的名字，然後請老師為此名字作論斷。如此一來，即可以看出改變過的名字，是否具有改變命運的效果。基本上必須要有好的命格，而不是貧賤的命格，叫好聽的名字能夠改變的，因為流年行運的好壞決定一切，並不是改名就可以萬事如意，你們真的別傻了。況且，名字是父母給的，過去改名字是一件非常慎重的。如果不能謹慎輕易的改它，不見得能夠產生效果。在此衷心的建議大家，用心努力的耕耘，比改名字的力量大，唯有必須老實的去實行，才能有更美好的未來及財富，你說是吧。

裝飾用之開運商品

有很多人都問我，為什麼聽了那些大師買了招財開運吉祥物，為什麼還是沒有效呢？例如：貔蚟、玉、水晶、開運印章、開運名片等等有的沒有的開運東西。其實這是跟智商有關係，誰叫你笨。我再來講開運印鑑如何製作，江湖一點訣，講破就不值錢。之前他們都是推薦用玉來做為印章，因價錢貴，很多人無法消費負擔，才又變成用較便宜的檀香木來作開運印章。當然開運印鑑跟姓名學一樣都是各說各話，誇大不實，都是先免費鑑定，然後鑑定出來的姓名和印章，都沒有一個是可以用的，其最終目的只有一個，就是叫你要改姓名和換開運印鑑。台灣人真的那麼好騙嗎？每個人都這麼笨嗎？如今被內行人識破以後，又延伸另一個手段手法叫開運名片，手法一再翻新，就跟詐騙集團一樣，騙騙騙。

話說玉自古至今被視為避邪之物，當人們佩戴玉飾發生危險時，玉碎即代為災難而可保身，事實上真正的雞血石卻是比玉更為有避邪功效，這又另一派的說法。因為道教中常用來提煉丹原料的是昌化雞血石硃砂，其所含之礦脈為天地日月精華取出之硃砂，可想而知則為有避邪功效，雞血石的天然硃砂，除有避邪鎮宅定居之功效外，亦有呈祥納福壽之意義，在民間習俗常取同音字義，如鴻圖大展、鴻運當頭（紅印章即鴻運）、洪福齊天等等，紅色又像徵喜慶吉祥，榮華富貴，吉星高照。

然而雞血石開運印鑑源自九宮八卦，對人生八大慾求如：財運、愛情、婚姻、事業、智慧、功名、健康、人際關係皆有助益。質色純美的天然的雞血石。除了象徵您個人的正印之外，還象徵著如天地般長久的靈動之氣，有助您啟動事業永續蓬勃發展的好運勢，所以隨身攜帶亦可幫助您聚集五路財源。讓財源生生不息，並替您鎮守財庫。看到這裡你是不是又心動了，之前使用玉刻印章的人不就花了冤枉錢又都要換新，這就是姓名學的翻版，誇大不實，一騙再騙。

如果說，可以不用工作，就刻一組放在身上或改名，就能中樂透一樣，可以快快樂樂過完一生，這簡直是癡人說夢，當然是不可能的事。那些老師真的很專業嗎？還是賺錢想瘋了，因此不擇手段，每個人的名字都不好，就連已經被老師算過改過的名字也要改，真是可笑。我在此獻上佛教的因果經，欲知前世因，今生受者是，欲知來世果，今生做者是來做警惕：

壹

善男信女聽言因　聽念三世因果經　三世因果非小可　佛言真語莫非輕
今生做官是何因　前世黃金裝佛身　前世修來今世受　紫袍金帶佛前求
黃金裝佛裝自己　衣蓋如來蓋自身　莫說做官皆容易　前世不修何處來
騎馬坐轎為何因　前世修橋鋪路人　穿綢穿緞為何因　前世施衣濟貧人
無食無穿為何因　前世未捨半分文　高樓大廈為何因　前世施米上庵門
福祿具足為何因　前世造寺建涼亭　相貌端莊為何因　前世鮮花供佛前
聰明智慧為何因　前世誦經念佛人　嬌妻妾美為何因　前世佛門結善緣
夫妻長守為何因　前世幢幡供佛前　父母雙全為何因　前世敬重孤獨人
無父無母為何因　前世多是打鳥人　多子多孫為何因　前世開籠放鳥人
養子不大為何因　前世皆是恨他人　今生無子為何因　前世厭恨人兒孫
今生長壽為何因　前世買物多放生　今生短命是何因　前世宰殺眾生身

今生無妻為何因　前世偷姦人女妻
今生奴婢為何因　前世忘恩負義人
今生眼瞎為何因　前世多看淫書人
今生聾啞為何因　前世惡口罵雙親
今生曲手為何因　前世打過父母人

今生守寡為何因　前世輕賤丈夫身
今生眼明為何因　前世施油點佛燈
今生缺口為何因　前世多說是非人
今生駝背為何因　前世譏笑拜佛人
今生曲腳為何因　前世破壞路橋人

貳

今生牛馬為何因　前世欠債不還人
今生多病為何因　前世幸災樂禍人
今生坐牢為何因　前世見危不救人
被人毒死為何因　前世攔河毒魚人
今生矮小為何因　前世鄙視各用人
今生耳聾為何因　前世聞法不信真
身生臭氣為何因　前世妒忌他人榮

今生豬狗為何因　前世存心哄騙人
今生健康為何因　前世施藥救病人
今生餓死為何因　前世笑罵乞丐人
零丁孤苦為何因　前世惡心侵算人
今生吐血為何因　前世挑撥離間人
今生瘡癲為何因　前世虐待畜生人
今生吊死為何因　前世損人利己人

叄

鰥寡孤獨為何因　前世不愛妻兒人　雷打火燒為何因　前世毀謗修行人
虎咬蛇傷為何因　前世多結冤仇人　萬般自作還自受　地獄受苦怨何人
莫道因果無人見　遠在兒孫近在身　不信三寶多施捨　但看眼前受福人
前世修來今生受　今生積德後蔭人　若人毀謗因果經　後世墮落失人身
有人信行因果經　福祿壽星照臨門　有人推介因果經　代代吉慶家道興
有人常帶因果經　凶災橫禍不臨身　有人講說因果經　生生世世得聰明
有人讀誦因果經　來生到處人恭敬　有人印送因果經　來世便得帝王身
若問前世因果事　迦葉布施獲金光　若問後世因和果　善星謗法地獄因
若是因果無報應　目蓮救母是何因　若人深信因果經　同生西方極樂人
三世因果說不盡　龍天不虧善心人　三寶門中福好修　一文喜捨萬文收

牽拖祖墳風水的迷思

許多人出事不平安後，就以為祖墳出了問題，只要不平安就怪祖墳風水，這是無知的行為。當事者若有不平安時，則應自我檢討，這才是根本之道。也是當事者的「果報」所致，而不要怪罪祖先。曾子曰：「大孝尊親，其次不辱，其下能養。」聖經箴言則云：「你要聽從生你的父親。你母親老了，也不藐視她。你要使父母歡喜，使生你的父母快樂。虐待父親，攆出母親的，是貽羞致辱之子。」

想一想，人在世時就都沒那麼厲害，而死後卻有影響力，真是謬論。當然人類「飲水思源」以追念先祖，正合於四書論語學而篇之「慎終追遠」的道理。而世人常有所謂拜公媽，關於公媽牌（神主牌）的由來，有說源於漢朝丁蘭，他因幼喪父母未能奉養，時常思想父母辛勞之恩，遂刻木為像，意表事奉孝敬，紀念父母之恩。當時以木雕刻父母像，猶如今日父母遺留的相片一樣。後人為要效法此孝行，於是模仰其表面做法，向題了名字的公媽牌敬拜起來，其實已失掉其本義，甚至直至今日，更用個樣的犧牲佳肴奉獻燒香，祭祀敬拜，這種孝敬之心雖然可嘉，但是尊崇的方法卻是可議，民間相信輪迴之說，照佛家說法，人死後四十九天即去投胎，許多人在父母生前，不事子孫孝敬之道，死後卻蒙厚葬，子孫且頂禮跪拜，禮遇有加，然而，死者已矣，何益之有，俗語說：「生前孝敬一粒豆，勝過死後拜豬頭。」其理甚明。

若祖先已去投胎，為何還要祭祀呢？當然這是台灣風俗。又如部份人的風俗，家人死後，將屍體入棺之時，放一塊小石頭，一個煮熟的鴨蛋，和一小塊木炭在棺內，然後對死人說：「等到石頭腐爛，鴨蛋出小鴨，木炭成樹結果的時候，你才可以回來。」這樣做法，豈不表明不要他回來，絕緣永別嗎？然後，又請「師公」超度亡魂，用幢幡旌旗引魂，要招呼死人回來享用祭物，這豈不是矛盾嗎？

民間還有一個說法：「死人在死後的第七日，所謂頭七的夜間，一定要回來巡視家人。」因為有此「先入為主」的觀念，就在那頭七的晚上，夜深人靜的時候，恰巧遇老鼠奔跑，或是貓鳴犬吠的奇異聲響，家人就誤以為死人回來了，膽怯的小孩子們，聞聲驚哭，不能安眠。此時，大人就在神主牌前祈求說：「你已死了，快去轉世為人，不要再回來嚇人了。」而後，又日日供肉獻菜，這不也是一個矛盾嗎？一般習慣，七七、百日、三年，喪孝期滿除服，就將先人的名字題在公媽牌上，準備於年節事奉孝敬，是故，當先人忌辰或年節的時候，擺盛筵、燒香焚紙，呼請歷代祖宗的前來享用，這樣一年當中不過只有三、五次的供奉而已，虔敬者至多一年有二、三十次，這樣難道「足夠」嗎？再者，那些遠代的祖先甚少受到祭祀，他們又怎麼辦呢？話說回來，其實在較早的時期，民間並沒有墓祭的風俗，晉書禮志說：「古無墓祭之禮。」又因祭祖觀念反而使許多人只重祀後之禮，輕忽生前的奉養，先賢也常常提出批評，如後漢王符在其「潛夫論」這樣說：「今牽師貴戚、兩縣豪富，生不極養，死乃崇喪……此無益於奉終，無增於孝行也。」宋朝的歐陽修也這麼說：「祭之豐不如養之薄。」

有些事並沒有所謂的絕對，有宗教修養是不錯，但對有迷惑來請教的人，都一貫台詞說要改運啦，改名字，公媽祖墳有問題，那些自稱師父有沒有新的說法呢，這種說法實在是讓人無法信服，這叫做趁火打劫，趁虛而入，修道之人應該要慈悲為懷，而不是恐嚇取財。智慧是人生的寶藏，只是世人忽略他。治慢性病要從內「心」開始，但是俗人治身不治心。改運要從革心開始，但俗人改名不革心。

命理節目都是詐財的溫床

有一則新聞公開了電視詐財案例，男子吳金龍等十一人包攬有線電視台的「蓬萊仙山」、「台灣衛視」時段，推出「人生漫談」命理節目，以不合理的高價促銷僧衣或貔貅等物，宣稱可趨吉避凶，但這些「名嘴」拿錢後並未施法，連排命盤也靠電腦。台中地檢署依詐欺罪起訴他們。被起訴的包括：吳金龍（四十六歲）、吳其良（五十二歲）、林振榮（六十歲）、蕭大明（卅八歲）、蕭名傑（五十一歲）、洪鐘批（卅四歲），還有五名接電話的女子。

檢警說，地方有線電視台頻道常有類似命理、賣藥的節目，有的已成立十年以上，在廣播電台或有線電視台播出，受騙人數難以計數，目前出面舉發的已有上千人；刑事警察局已破獲四個集團，昨天起訴的集團以台中為大本營，在台中、嘉義和高雄設有服務處；另三集團現由台北地檢署偵辦中，有人被騙三百萬元。起訴書指出，吳金龍、吳其良兄弟在有線電視台「蓬萊仙山」、「台灣衛視」兩個頻道租用時段，找同夥林振榮主持「人生漫談」節目，自稱「林老師」，專講人生道理、命理等，開放打電話詢問討論。

檢方查出，這些節目號稱是現場播出，其實都是預錄節目，節目播出時，民眾可循電視上秀出的電話號碼，打電話到指定的「人生漫談服務處」，由五名總機接電話。林振榮還安排蕭大明、蕭名傑進駐台中市、高雄市、嘉義市的「人生漫談」服務處或唐宋隆骨董店，觀眾看了節目後，可到服務處找「老師」解說命盤。

集團成員會對詢問者騙稱對方最近有厄運或劫難，慫恿購買貔貅、僧衣，只要捐贈僧衣給出家人，由出家人穿著並誦經，就能消災解厄或改運，認捐僧衣每件六百至三千元不等，洽詢者越富有，價格越貴；成本僅六十五元的貔貅，每隻售價三千元。檢警調查，他們聲稱收錢後會作法，將功德迴向給當事人，但負責採購僧衣的洪鐘批購僧衣後並未捐贈僧人，也沒有作法事或燒金紙。

電視命理解說節目「人生漫談」台前幕後十一名業者被以詐欺罪起訴，檢警發現受騙者多數是幫孩子問事業或婚姻的家長，還有些是老人家關心自己的健康；一名劉姓教授愛子心切被騙廿一萬元；台中市某建設公司廖姓老闆的母親被騙兩萬多元。檢警說，其實節目中的「老師」，僅懂命理、堪輿的皮毛，因都使用一套電腦軟體，所以排出的命盤大同小異，「信者恆信、不信者恆不信」，但他們承諾幫忙買僧衣，之後又舉不出買僧衣、捐贈的紀錄，就有詐騙嫌疑。檢警表示，一位劉姓教授幫小孩問運勢，「老師」說：「你兒子兩年內會有大劫，可能會出大車禍，手腳會斷。」劉教授不敢不信，一口氣花廿一萬元認捐了一百多件僧衣。

還有建設公司廖老闆的妻子昨天說，她公公健康不佳，婆婆看了命理節目「人生漫談」，寧可信其有地打電話到人生漫談服務處詢問，對方先問她丈夫的八字，表示要幫忙排命盤，開價兩千元。廖妻說，他先生與婆婆依對方所說地址到人生漫談服務處找「老師」面談，對方聲稱：「你家老人被冤魂緊跟，所以身體不好。」勸廖家人買僧衣捐給出家人，由出家人穿著念經後就能解厄，他們花了兩萬元購買十幾件僧衣。廖妻說，對方抓住婆婆想幫公公改運心理，任由對方開價而受騙，她丈夫基於孝心，也只有付錢；後來公公的健康也未見改善，直到警方找上門，家人才知道上當了。

到現在這種節目還一直存在著，足以對人造成「命理污染」，甚至「命理傷害」的錯誤觀念，真令人痛心，有些是換湯不換藥，最後還是利用命理來詐騙無知的民眾，真是可惡，只有你們了解命理的原理原則之後，才能減少受騙的機會，這就是我出書的原因。因為命理就是人生，人生不離命理。這本書面裡所謂的「命理」，是具有正確觀念的命理，它的使命是帶給人「當下」就開始起步的幸福與快樂。想要創造未來，只須不斷創造當下。

學易經竟成淫魔

台北報導又有一則新聞，案件是這樣報導，張文政性侵淡大女生的事件早在兩年多前即爆開，當時家長曾告到教育部。涉嫌假藉易經研究性侵女大學生的元培科技大學副教授張文政，求學經歷中，看不到與易經扯上任何關係，從台中一中考入淡江大學水利系，大二轉入英文系，畢業後，再攻淡江大學英國文學碩士，卻從廿年前開館教授易經、八字、紫微、氣功與手面相，並成立「管輅易學研究中心」，迅速在易學研究領域裡竄紅。

學界指出，張文政取得文學碩士學位後，曾任政治作戰學校外文系兼任英文講師近十年時間，開始搞易學研究後，也陸續在萬能、淡江與華梵等大學教授英文，課程內容有翻譯、小說、英國文學、美國文學、文學作品選讀、莎士比亞、電影欣賞等。並創立三校易經學社擔任指導老師，目前為元培科大應用英語系專任副教授。依張文政對自己的評價，在易學的精研與表現，顯然更勝他本身所學的英文教授，自詡曾是中央日報「生活易經」、大成報「易經現代觀」「風水檔案大搜密」Marie Claire美麗佳人雜誌「風水解碼」專欄主筆，更成立「管輅易學研究中心」，教授易經經傳、八字、手面相、氣功與紫微斗數等。

憑著易學研究，他自稱曾獲聘中華星相易理堪輿師協進會學術顧問及學術講師、中國易經哲學研究發展協會學術顧問及中國擇日學會以和淡水清水祖師廟聘任為學術顧問。其十餘本著作中，也幾乎都是易學之著，如《藏風聚氣好運來》、《易經密碼學理篇》、《易經密碼觀愛情應用篇》、《易經密碼擇風水應用篇》、《紫薇密碼神算》等。自稱鑽研命學易理長達十餘載的他，也曾莫測高深地說：光憑身分證號碼或電話號碼，就可精確解碼個人妻、財、子、祿的自然軌跡，不過，卻無從解析他自己身陷性侵官司的流年運勢，只能說是「人算不如天算」。被害女：這種人竟然還教書，淫魔副教授涉性侵2個女大學生。台北報導「這樣的人竟然還能繼續在大學教書？」向警方指稱遭到性侵的二名淡大女畢業生，氣憤地表示，她們無法忍受教育部的消極作為及管理疏漏，又深怕有其他女學生續遭狼吻，才選擇出面報案。據被害人透露，張文政在校園內成立的易經社團，都故意挑選面貌姣好的女學生擔任社長或幹部，以趁機接近，然後再以傳授更高深的易經哲理做為誘餌，將被害人帶往重慶南路的易經研究中心內性侵。

被害人表示，張文政都把性侵的行為美化成「性治療」，並在事前要求女學生對著神明發誓，保證不會將性治療一事對他人透露，否則將遭致厄運，加上張嫌又身兼學校的副教授，讓被害人心生恐懼之餘，連家人也不敢傾訴，直到畢業後才敢出面揭發。由於張嫌對易經鑽研頗深，又能說善道，警方在查訪過程中，發現部份曾參加過易經學研究社的女學生，對張嫌敬畏如神，警方研判，這可能也是被害人長期遭性侵卻不敢聲張的另一個心理因素，加上張嫌在四所大學長年任教，又都有成立同類社團，警方不排除可能還有女學生遭到性侵。張文政本人在辦公室遭拘提時，顯然不知事態嚴重，一直不認為自己的行為是「性侵」，接受偵訊時還向警方表示，其中一名被害女學生在校作風就很開放，也有很多男朋友，對這種男女之事應該不會很排斥，直到聽說要被移送法辦，張嫌才主動表示，如果被害女生覺得被侵犯，他願意賠償表達歉意。但為時已晚，仍被移送地檢署偵辦。並聲押。

據了解，張文政（五十二歲）從民國七十三年起在淡江、開南、華梵、萬能等大學任教，均在校內成立研究易經的社團，指導學生易經方面學問，但張嫌卻以陰陽雙修、提升彼此修為等荒誕不經的藉口，數度對不同女學生強制撫胸、親吻並用手指性侵，警方查出他涉嫌於九十一年起至少對兩名女學生性侵害。最令警方不解的是，九十四、九十五年間曾有被害人向教育部檢舉，教育部行文給各大學指出張文政行為不檢，不得任用。但目前張文政卻仍在竹市的元培科技大學任教，警方質疑教育部監督恐疏失。

一位女學生因張嫌長期性侵，已出現精神恍惚，家長追問下才說出原委。北市刑大偵三隊幹員持拘票前往重慶南路將張嫌拘提到案，張嫌坦承對兩淡大女學生進行雙修，警方懷疑受害女生不止兩人依妨害性自主罪嫌送辦。

來到張文政在台北重慶南路上的道館，過去他就是約女學生到此處侵害，被逮補當天晚間，道場還亮著燈，看得見大廳的佛堂！修行之人卻沒有修道作為，命理學的精，卻還是迷失了方向，傷害了學生的信賴，也親手毀了自己的人生！

時常都有新聞報導，台灣又有一個專門在電視上用姓名學恐嚇大眾的算命師被踢爆。台灣不斷出現某某大師出問題、造假、恐嚇詐財等負面新聞，看一次我就感嘆一次。就像王建銘婚外情一樣，有人爆料才能公開於世，真的是天底下男人都會犯的錯嗎，還是個性是天性，但有時候是環境造成。

斗數原創與抄襲

由於社會風氣的關係，因此紫微斗數頗為盛行，造成斗數派別林立，坊間書籍少數以為得到秘訣，或因神明開悟等言詞，玩弄鬼神，導致初學者的誤信。紫微斗數是陳希夷一人的英明之作？還是歷千年來，諸賢眾人之集體創作，所謂原創，誰說的清楚。陳岳琦著《正統飛星紫微斗數》一書。此書流傳甚廣，推測應為民國七十二年時所發行，但現已絕版了，如今所流傳下來的多為手抄本或油印版本之講義。雖是如此，但此書對台灣斗數界的影響之深，如慧心齋主的《紫微斗數新詮》、紫雲先生的《斗數論十二宮系列》、福耕老師之《斗數心理學》、鐘義明先生的《紫微隨筆》等等亦可見參考此書之跡。再見文中之論點，雖有些許流於主觀，但亦不失表達出斗數正確的整體觀。（抄出跟參考此書之跡是否是原創，意義如何自己解讀）

紫微斗數各派難融，四化飛星的十二忌（逆水忌，順水忌，進馬忌，退馬忌，糾纏忌，循環忌，是非忌，反弓忌，拆馬忌，洩出忌，入庫忌，絕命忌）。若是以書為師的朋友，或許從選擇斗數初階書籍一事上，便決定了往後學習斗數之方向。正因傳統派、四化派、透派、節氣派在源頭的起跑方式，就有相當程度上的差異了。當然這沒有什麼對錯可言，因為各派門人都認為自已最精準、也最正確。那就有人說了，那為何不取各派所長，補其所短呢。這立論很棒，然而這卻是言易行難啊！除了要找出其中的優缺點已有相當的困難度，在融合上更是難如登天。還是舉例大家較容易了解，以傳統派的方式起盤的，這種方法排出的命盤，有幾個特點。

1、出生年月日是不過節氣的。

2、命宮要起大限。

3、星辰為主，四化為輔，故雜曜眾多。

請別小看這三點，這可說是派別的分水嶺。其實天干地支安置在斗術命盤中，永久造成2個旬空的地域，所以舉凡推命之術，也受天地自然的影響，修持火候最高者，也絕對不能超過百分之83．33，現在有些人常誇耀推命百分百之正確，也未免太過誇張了些。人有旦夕禍福，天有不測風雨，天災人禍是無法準確算得準的，斗數論命是南北極磁場為根本，其原始意思是陰陽磁場靈電並不只限於南北斗．南為離為火屬陽，北為坎為水屬陰，誠乃干支陰陽配合五行（五斗）之道理，所以大家不要會錯斗數的真義，只說依南北斗論命。紫微斗數以十二宮位為主體，星曜則依其理而飛躔其中；再加上四化飛星為牽引，貫穿宮位與星曜之間，此三者生機勃勃然，而形成斗數之基本架構。斗數歷經多朝變化，宗派間各有其法；如今對於陰陽五行之運用，太過陌生，甚至多有抨擊的現象。這是因為斗數傳承不彰所致，以致於學者容易得少為足！依三合派來說，紫微斗數的宮位與星曜（包含流曜、四化），是呈現比較靜態的轉動與對待。每個宮位中有什麼星曜，就會產生某些意義，幾乎只要背下來即可，陰陽五行有何用武之地?!這也是多少年來，斗數範本仍不出《全書》與《全集》之故。那四化飛星派呢？極端的四化派，連星曜特質都很少提到，所以就更揚棄陰陽五行如敝屣了！其他四化學者的心思全在飛星，很少有人願意面對四化以外的質素或是內容。其實斗數用法十分精彩，不是目前看到的幾種論法而已。以陰陽五行來說，這是古法，也具有新的時代意義。無論宮位、星曜與四化，必具有其特性與陰陽五行；能有系統地將這些條件融合在一起，便會產生不同風貌，形成了斗數上的物理，或是化學的變化；甚至獨立出一個新門派皆可！

斗數與陰陽五行，我們也可以從古書中找出蛛絲馬跡。譬如〈女命骨髓賦〉中，有云：「七殺、廉貞同位，路上埋屍；破軍、暗曜同鄉，水中作塚」。首句與〈斗數骨髓賦〉之「廉貞、七殺，流蕩天涯」一樣，主要是廉殺火、金之質，變動、殺傷無常；若遇宮位與飛星異動，則有飄零、流蕩之苦，人生多有起伏。至於破軍水勢漫漫（視盤中條件而論），多半不喜再遇水宮、水星，尤其再逢暗曜（不限於巨門）、忌煞之星，亦有水厄災禍。文曲星來會，亦多有水性之災，除非有好的宮位與吉星來助，則無妨（多成感情之災）。〈斗數骨髓賦〉所說：「廉貞、七殺，反為積富之人」，是火、金煉於土鄉。此理較繁複，又如紫微星本不喜水宮，但若亥宮為乾卦天門，帝星得帝位，仍可得其旺位。至於寅宮為艮卦生發之「山頭」，紫微、天府廟之而不畏木盛剋土。所以俗話說（未註生先註死）一點也不錯，又說生死有命富貴在天．舉凡人生／妻／財／子／祿／富貴窮夭盡在五斗星君的掌握之中，它們分別於宇宙的東西南北中五個方位，各有所司各有所不同的職責，分層負責，相生相剋。紫微斗數雖然以紫微星為掌萬星之主，帶動其他星辰的運轉，可是紫微星到辰戌兩宮天羅地網也要落陷，由此可知天地萬物是沒有百分百的道理，人也一樣沒有十全十美，你們要懂得缺陷的美。更何況算命師不應該是以嚇唬人的技兩來詐騙錢財，而應該是以開導啟發方式來解惑（禍）。普天之下，看看過去，那些心術不正的算命師，有哪一個是有好下場的，而你們算命拿人錢財，給人消災是攸關自己以後的福報，若以詐欺的方式，或誇大不實來算命，到頭來將會善有善報，惡有惡報的循環，這是所謂的欲知前世因，細看今世受，欲知後世果，細看今世作。

總而言之，學斗數，探玄奧，最要者，識星情，星不識，難準憑，學術者，宜知之。斗數推命安星於十二宮之中，在有形的星曜可以分判人生際遇，再加上四化星的立體配合則無微不至。再者，學習紫微斗數，要謹記活學活用，以活盤（即飛星走盤論斷），並以天盤為主，地盤、人盤為輔，作為趨吉避凶的參考，切勿盲目迷信。並且要記住：命運是半由天半由人，並非一成不變的。人生的命運，來自因緣果報，人人都想要有福報，無德之人也要有福報，這公平嗎？別再相信自稱大師裝神弄鬼可以逢凶化吉。

Chapter 3

認識易經

易經原理原則

易為君子謀，趨吉避凶。若言天命有常，吉何可趨。凶何可避。「易」是《易經》。《易經》可以說是中國古代最早的一部哲學書，裡面有甚深的哲理，教人成賢成聖。而且著重在數學的探討。內容有六十四卦，每一卦有六爻，共有三百八十四爻。從這裡面去推演，陰陽剛柔的變化，能夠預知過去未來的一切事相。小而個人，大至國家、世界的變化，都可以從這裡面推演出來。這是自然的因果律，也就是它所推算得出來的。

我們都知道，《易經》是周朝的產物，記載了伏羲的八卦、周文王的六十四卦和經傳十翼。伏羲創作八卦、周文王推演六十四卦的原因和目的是什麼？我們不妨從數學、物理和信仰三方面的角度來探討其中的奧妙。《易經》是二進位數學最早的應用者，《易經》創作的原理是根據「一陰一陽之謂道；昔者聖人之作易也，將以順性命之理，是以立天之道，曰陰與陽；參天兩（量）地而倚數，觀變於陰陽而立卦」的觀念而來。這幾句話的大意是說，陰陽之間的變化和組合就叫做「道」（意即，「陰陽」之間的變化和組合乃是自然運行的法則，這法則就叫做「道」）。古時候聖人（伏羲、周文王）創作易理的時候，他們順應天命運行的真理（也就是說，天命運行的真理乃是聖人創作易理的根據），這真理就是宇宙的法則……道，這「道」包含「陰陽」兩個因子。

在創作易理的過程中，他們首先參考天象、量測地理、倚靠數字，接著把觀察陰陽變化所得到的結果，加以整理和分析，最後創立了八卦和六十四卦。按照上面《易經》的自述，古人創作易理的原動力來自對自然的觀察，並非憑空想像，他們在觀察自然的過程中，了解到宇宙運作的法則（道）乃是本著「陰陽」二個因子的排列組合進行（如化學的陰陽離子、電子學的正負電、電磁學的正負極、萬有引力或地心引力的南北極等等都是以二元的現象表現出來）。

聖人把所觀察到的結果加以整理和分析，於是提出了「陰陽」二進位的理論，接著他們利用三組和六組「陰陽」的排列組合，導出了八卦和六十四卦。為了使這個排列組合易於辨認和使用，古人又採用了「⚋、⚊」或「⚋、⚊」兩個符號，分別代表「陰、陽」。所以心理學家爵恩（C.G.Jung）說：「如果人類世界有智慧可言，那麼中國的《易經》，應該是唯一的智慧寶典。」易經為我國最古之經典。凡有關（五術）、（山醫命卜相），無不直接、間接淵源於易經。換句話說，「紫微」號稱天下第一神數，亦是由「易經」演化而來，並出於道家，載於道藏經。宇宙萬物盡在陰陽五行中，陰陽五行是源於河圖、洛書，陰陽五行即是「象、數、理」最基本的原理，然而若不能融會貫通，一切亦不過是徒具虛文而已。

數千年的中華易學文化，蘊藏了許多做人處事的道理，和心靈提昇的內涵，其應用程度，並非目前所見「誇張式」「故弄玄虛式」「商業式」所能比擬。由於某些人為求利益，過度宣染、誇張，也讓這個學術蒙上了一神秘色彩，更讓有心人士利用此一特性，而故弄玄虛迷惑大眾。換言之，易學的研究，目的是在提昇自己的心靈層次，對事情的超脫看法，而知道進、退、取、捨。了解宇宙的道理，目的在認清事實的真相，放下執著，逍遙自在。

《易經》了解世間宇宙人生的常數，但是他也知道這裡面有變數。掌握了變數，小的可以改造自己的命運，大則可以代世界國家謀求永久的安定和平。這一部書真正是了不起，很可惜現在幾乎變成看相算命的書，實在太可惜了！

或許大部分的人都視易經為有字天書，不易看懂，其實只要懂得研習方法，還是可以入門窺其堂奧。易經是中國古代文明所留傳下來最重要的哲學思想典籍。其對於人們知識的增長、心靈的提昇及智慧的開啟，幫助很大。換言之，透析《易經》，讓自己的人生更美麗，人生有喜亦有悲，有一帆風順，滿面春風處；也有崎嶇顛簸，俯首垢面時。無論是哪種際遇，都需保持平常心，用智慧來面對。

再者，眾所皆知紫微斗數乃源自於中國最古老的占筮寶典《易經》。而一般人祇知易乃為周文王所作（即周易，亦即後天八卦），卻鮮知早在中國上古時期，人類還沒有文字之初，伏羲（相傳為人類之始祖）已經根據神的旨意（河圖、洛書）用圖形畫出了先天八卦，亦即最早的易經之根源也！「萬象之極，惟日與月」，「易」字乃為上「日」下「月」之象形；日者陽也，月者陰也。宇宙萬物皆由陰陽（--與—）之運行變化而生【就如同最複雜的電腦乃由最簡單的元素（0與1）所構成的道理】。漢書藝文志記載：「易道之深，人更三聖，世歷三古。」意指「易」經歷了上古的伏羲，中古的文王及下古的孔子，其中蘊含的哲理是何等深奧；也無怪乎老子道德經開章明義就說：「道可道，非常道」也！

當然正確的易經，可以讓人預知未來的命運；然而，從倫理的角度來看：人祇要順天道而行，種什麼因就得什麼果，實在沒有預知未來的必要！祇不過，老祖宗既然留下了這份寶貴的遺產給我們，無非是讓我們在心存善念、身行正道而遭遇進退維谷的困難之時，提供一個正確的指引方向而已！如果是行正道，「天機」並非不可洩露；而如果是心懷惡念，為行一己之私而去探究者，其縱使得窺天機，亦終將觸怒天神而自食惡果！

陰陽相對概念

能讀懂《易》書的人都是有大智慧之人。什麼是《易》，《易》是自然、社會、人生之大道。什麼是道？一陰一陽之謂道。五行命理學，從陰陽八卦中演變而來，又應用於人的生活中去。其哲學思想最能安定人心。比如，你有什麼冤屈，八字命運裏面都有解釋。當你糊塗時，《易》學思維能使你很快清醒。當你的精神生活極度空虛時，它又可以幫你找到平衡點，使你心情愉快，精神充實。當你的事業紅紅火火，名譽地位蒸蒸日上的時候，它又會提醒你要謙虛謹慎，戒驕戒躁。可以說，懂《易》的人，是真正懂得生活的人。

周文王之後，許多諸子百家從這個二元的觀點去探討宇宙的奧秘。比如老子說，萬物由「道」所創造，被造的萬物中都存有陰陽兩個因子，這兩個因子在本質上雖然相反相沖，但卻具有互相調和的功能（道生一，一生二，二生三，三生萬物。萬物負陰而抱陽，沖氣以為和）。既然使天命運行（使天體所以屹立）的「道」擁有「陰陽」兩個相反的因子，使「陰陽」進行組合的力量叫做「道」（是以立天之道，曰陰與陽，一陰一陽之謂道），而萬物都是由此「道」所生（道生一，一生二，二生三，三生萬物），那麼由「道」所生的萬物一定具有「陰陽」兩種因子（萬物負陰而抱陽）。儘管「陰陽」兩個因子的特性相反相沖，但是經過結合之後它們會變的溫和穩定（沖氣以為和）。

宇宙萬物存在者陰陽相對的觀念、陰陽乃是表裡的關係。一體兩面、並非全然不同的事或物。只是相互因應對方而顯現對稱的關係、如日陽、月陰。男陽、女陰。高陽、低陰。強陽、弱陰。上陽、下陰。外陽、內陰。左陽、右陰。大陽、小陰……等等。五行也分陰陽如甲乙均屬木、甲為陽木、乙為陰木、丙丁均屬火、丙為陽火、丁為陰火、戊己均屬土、戊為陽土、己為陰土、庚辛均為金、庚為陽金、辛為陰 金、壬癸均為水、壬為陽水、癸為陰水。而「納甲」是易學術語，乃將十天干納於八卦中：

乾納甲，坤納乙，甲乙為木，表示東方
艮納丙，兌納丁，丙丁為火，表示南方
坎納戊，離納己，戊己為土，表示中央
震納庚，巽納辛，庚辛為金，表示西方
乾納壬，坤納癸，壬癸為水，表示北方

生活上用於論命、風水、堪輿、占卜、擇日干支、均離不開陰陽五行之範疇。卦象上為了便於表示代表陽爻、代表陰爻。先天卦相對相生。如乾卦玄空五行為九金。坤卦玄空五行為一水。乾為天、坤為地、於是天地定位。於天象風雨無差。艮為山玄空五行六水。兌為澤玄空五行四金、兩卦相對為山澤通氣。於天象雲霧蒸騰。如三國演義孔明借箭用天時。坎為水玄空五行七火、離為火玄空五行三木、兩卦相對為水火不相射。於天象有靈光射斗之功。震為雷玄空五行八木、巽為風玄空五行二火、兩卦相對形成雷風相搏。於天象推風送雨之局。如孔明借箭用東風。

換句話說，先天八卦圖、後天八卦：則五行相對相剋、如坎卦屬水、位居北方、離卦屬火、位居南方、水火相剋、震卦屬木、位居東方、兌卦屬金、位居西方、金木行戰、巽卦屬木位居東南、乾卦屬金位居西北、金木相剋、惟艮卦位居東北坤卦位居西南均屬土。後天八卦圖風水無論巒頭。理氣均由周易。陰陽概念而來。「在天成象、在地成形」上看風「氣流」、下看流水「評高低」、晴看日晷「以日影確定南北極及磁偏角」、雨看流水。再由太極、兩儀、四象、八卦、陰陽二十四山、八卦相盪成六十四卦、每卦六爻成三百八十四爻、配合二十八星宿、星度五行、線度五行等等以論吉凶。

聖人讀易韋編三絕

孔子對《易經》的貢獻，發現《易經》並將其列入六經。「韋編三絕」的故事：《史記・孔子世家》說：「讀易，韋編三絕。」韋是指熟牛皮，韋編，就是用熟牛皮繩把竹簡編連起來。春秋時的書，主要是以竹子為材料製造的竹簡，用火烘乾後在上面寫字。竹簡有一定的長度和寬度，一根竹簡寫不了多少字，所以一部書要用許多竹簡，這些竹簡必須用熟牛皮繩之類牢固的繩子編連起來才能閱讀。像《易經》這樣的書，需要由許許多多竹簡編連起來，因此也是相當重的。孔子為了深入研究《易經》，並給弟子講解，不知翻閱了多少遍。這樣讀來讀去，把串連竹簡的牛皮繩子也給磨斷了幾次，不得不多次換上新的再使用。但即便如此，孔子還謙虛地說：假如讓我多活幾年，我就可以完全掌握《易經》的文與質了（「假我數年，若是，我於易則彬彬矣。」）。

「居則在席，行則在囊」的故事：據長沙馬王堆出土的《周易帛書》記載：「夫子老而好《易》，居則在席，行則在囊。」孔子愛好《易經》，在家則把書放在床頭，出門就背在皮囊裡。孔子把《易經》列入六經（詩、書、禮、易、樂、春秋）並將其作為教材，從此，《易經》登上了大雅之堂，成為了中國人思想文化的主幹，影響中國幾千年。而「名觀其義耳」的故事：是據《周易帛書》載：一天，孔子的得意門生子貢問孔子：「老師，你算命嗎？」孔子回答：「我不算命，我研究的是《易經》的哲理。」（子貢問：夫子信其筮乎？子曰：我觀其義耳。。吾與史巫同途而殊歸。）孔子高舉《易經》義理而不是占筮，引領了《易經》發展的主流。什麼叫義理呢？與其對應的還有一個概念叫象數，在此我一併給大家作個介紹：

義理：《易經》說：「乾，健也；坤，順也；震，動也；巽，入也；坎，陷也；離，麗也；艮，止也；兌，說也。」指哲理，社會科學的關係更密切，為孔孟儒家所推崇。象數：《易經》說：「乾為天，坤為地，震為雷，巽為木，坎為水，離為火，艮為山，兌為澤。」指物理，和自然科學的關係密切，為老莊道家所推崇。

申言之，繫辭傳曰：「易與天地準，範圍天地之化而不過，曲成萬物而不遺，通乎晝夜之道而知故神無方而易無體。」天地間萬事萬物的生成變化，都是在易的範圍裡面。聖人無思無為作易，而準確合於天地之德，合於日月之明，合於四時之序，合於鬼神之吉凶。再者，歷年來學習易經有兩種態度，一種是義理派，從哲學的觀點研究，偏重於人文哲學，自身修身安命，主張「善易者不占」；另一種態度是象數派，偏重於心靈玄秘，探賾索隱，對各種術數占卜預測。後人執象數而棄義理，只求占運諳熟，不明白顯驗的道理，不求靈準。這是江湖術士之流等下之輩，失去古人作易的本旨，也將落入「其蔽也賊」的後果。

而另一些人掃象只言意，只求訓詁考據，作千篇義理，不解一事的真諦，這是環佩遊說之士，沽名釣譽之流，也明顯違背了易經「潔淨精微」的精神，歷史上真正學有所成建功立業的易學名家又善占卜運用，既是學者又是預測大師。故《易》以陰陽為爻之本，復以三畫定為卦之體，列之為八卦，並重之而成六十四卦。由天地風雷、水火山澤的現象，衍成錯綜繁複的人生，亦概括宇宙時空的森羅萬象。《易經》上說：「改命，吉。」這就是讓人們勇於改變自己的命運。

一部分人，認為命運既然如此，算與不算都無所謂。顯然，這也不是真懂命理的人所說的話。造就一個人，應該是由先天基礎和後天努力來共同完成的。有怎麼樣的基礎你就作出相應的努力，特別是選准努力的方向，對人生確有指導意義。正是這些原因，研究命運就有其重要意義。易經曰：易不能為人趨吉避兇，聖人作易何用。古聖先賢著書立說，其目的在於使後學能夠引經據典，而達到學以歸真，方為學盡性命之學，而外可制禮作樂，聖賢創易，也必合乎天地人，有理，有氣，有象，知理者可以制禮，知氣者，可以作樂，再明伏羲之卦本於天，文王設卦本於伏羲，孔子之讚易乃合天地。故易經之精奧，有如浩瀚之大海，放諸四海皆準，易經在於天地，未有不知天地而知易者，亦為有知易而不本於天地知學者，然後可以上推往古，下推將來，明興旺休咎，不明乎此，則不足以註易言易。

所以先賢以個人之出生年月日時，配合易經、干支、方位、星情、五行、神煞，創立了紫微斗數，子平八字推命學，以推演人生之成敗興廢，使得在人生旅途中遭遇挫折者，在茫然無知之時，有一指示之明燈，使人知運知命，以循此目標走進正確的人生觀，故聖人有宿命之論。《易經》如翻成白話，是件吃力而又難以討好的差事。光是比對古今的著作，就得耗費不少冬寒夏汗，橫生白髮的歲月，更遑論去考據文義，查核原典。縱使偶有創見，亦不敢全然把握，確切無誤而自喜。因為易經乃我國最古之經典。凡有關五術。命理、地理、卜易、擇日學等等無不直接間接淵源於易理。

在我國易學為正統儒學之經典。數千年經歷代聖賢演釋至今，必有其真理存在。本書乃取河洛理數為依據。細加編輯，視其繁者汰之，略者增之，取其精華。申言之，《易經》是中國文化的瑰寶，先人智慧的結晶。古代聖人留給我們最寶貴的財富莫過於《易經》，因為它為群經之首，科學之皇冠，它宏論的是宇宙大道。「道」是宇宙發展變化的客觀規律，它在事物發生變化之前，就已經蘊含在任何事物之中，在宇宙產生之前就已經存在，支配著宇宙萬物的發展和變化趨勢，長期以來，人們為了掌握順應這種客觀規律從未間斷研究它。我說道在天地間，始也惟聖人能通之。換言之，聖人能通神明之德，類萬物之情，知鬼神之情狀，通天下之志，以定天下之業，故研其幾，通其變成天下之務。易之奧也，變化無窮也。知之神也。

物極必反看命運

從物極必反看待命運問題，很多朋友對此定義諸多不解，在此我再深入探討說明。由於大家的不知其中奧妙，所以讓那些充斥坊間或網路無用的開運吉祥物順理成章的成為避邪轉運的神兵利器。或許有些假藉免費算命行斂財騙色之實。物極必反在易經卦象有談到：「否極泰來」〈否〉和〈泰〉是《易經》六十四卦中的兩卦。〈否卦〉，坤下乾上。在下的坤，陰氣下沉；在上的乾，陽氣上升。於是陰陽二氣不交，具天地不交，萬物不通之象，屬凶卦。〈泰卦〉，乾下坤上。在下的乾，陽氣上升；在上的坤，陰氣下沉。於是陰陽二氣相交，具天地交而二氣通之象，屬吉卦。再次驗證泰國白龍王為何如何神準。其實他只不過抓住這點奧妙而已，所謂無事不登三寶殿。而「無事不登三寶殿」，本義指一般人於困難臨頭時，才去佛殿拜佛，祈求神佛保佑，以度難關；然而，世俗之人轉用語義，指「有事求人」，比喻沒有事情不敢來麻煩，來了必定有事情，就當你惡運去找他，白龍王也明白，他只是凡人也無法改變甚麼，只好裝神弄鬼，怪力亂神，借用一些所謂的神兵力器及神丹妙效來加持，好來讓你求個心安，這就是人性最脆弱的時候，甚麼事都會要試一試，然而，之後好與不好就是機率的問題，但不可否認的事「否終則泰」就是表示物極必反，惡運到了極點，好運即將降臨。所以準與不準就如人飲水冷暖自知，這跟所謂的開運吉祥物一點關係也沒有，只是讓你求心安。

但命運最大問題在於自己的個性使然，這無法怨天尤人，所以老子就告訴我們：曲則全，枉則直，窪則盈，敝則新，少則得，多則惑。是以聖人抱一為先天式。不自見，故明；不自是，故彰；不自伐，故有功；不自矜，故長。夫唯不爭，故天下莫能與之爭。古之所謂曲則全者，豈虛言哉？誠全而歸之。而孔子也嘆曰德薄而位尊，知小而謀大，力小而任重，鮮不及矣，本來德薄就不該位尊，知小就不該謀大，力小更不該任重，其理甚明。

易在現今來看，孔子以復禮為中心思想，主要是維持人倫秩序，所以關注是社會科學而老子的核心思想是自然無為，他的興趣是自然科學真理之追求。再者老子曰：「反者道之動。」就是無論萬物如何發展，到最後還是會返回原點，這是一種物極必反、否極泰來、樂極生悲以及反璞歸真的道理。而易經亦有「變」是「惟一不變」之言詞內涵。這些都在告訴我們，人生、社群之間永遠是無常的，在無常的過程中，隨時要面對「變」的考驗，所以天有不測風雲，人有旦夕禍福，誠然命運是非常奇妙，命運不是決定於你的遭遇，而是決定於你看待遭遇的角度，心迷就會苦，心悟就自在。

卦象來源

周易六十四卦：乾為天、坤為地、水雷屯、山水蒙、水天需、天水訟、地水師、水地比、風天小畜、天澤履、地天泰、天地否、天火同人、火天大有、地山謙、雷地豫、澤雷隨、山風蠱、地澤臨、風地觀、火雷噬嗑、山火賁、山地剝、地雷復、天雷无妄、山天大畜、山雷頤、澤風大過、坎為水、離為火、澤山咸、雷風恆、天山遯、雷天大壯、火地晉、地火明夷、風火家人、火澤睽、水山蹇、雷水解、山澤損、風雷益、澤天夬、天風姤、澤地萃、地風升、澤水困、水風井、澤火革、火風鼎、震為雷、艮為山、風山漸、雷澤歸妹、雷火豐、火山旅、巽為風、兌為澤、風水渙、水澤節、風澤中孚、雷山小過、水火既濟、火水未濟。

易經原理「易」即「改變」，只要宇宙中的能量不斷變化，事物之改變即永不停止。事物有因有果，「無極生太極、太極生兩儀、兩儀生四象、四象生八卦、八卦生六十四卦」來解釋的卦的構成。太極（☯）代表一，傳統的太極圖代表了陰陽互補；一分為二，分開了陰和陽，即是兩儀；二分為四，即是四象：太陽、少陽、少陰、太陰；四分為八，即是八卦；兩個八卦相疊，即成八八六十四卦。六爻是從最底向上數的，最底下稱為「初」，接著是「二、三、四、五」，最頂稱為「上」。另外，最頂兩爻代表「天」、中間兩爻代表「人」、最底兩爻代表「地」，也就是所謂的天地人三元一體。換言之，《易經》共有六十四卦，每卦又各有六爻，可視為六十四個大密碼與三百八十四個小密碼。密碼與密碼間彼此息息相關、密不可分，是宇宙間最重要的訊息系統，可說整個宇宙就是由這六十四個大密碼互動的具體呈現。再將六十四乘以六十四，便可產生四千零九十六種變化，若能用心解讀，見微知著、順勢推理，應該就能做到孔子所言：「雖百世可知也」的神妙預測。

再者，理、象、數：宇宙萬物都有它的理，也必有它的象；反過來說，宇宙間的任何一個現象，也一定有它的理，同時每個現象，又一定有它的數。所以研究易經的學問，有些人以「理」去解釋易經，有些人以「象」去解釋易經，有些人以「數」去解釋易經。所以易經的每一卦、每一爻都包含著「理、象、數」三種涵義在內。人的智慧如果懂了事物的「理、象、數」就會知道事物的變，每個現象，到了一定的數，一定會變，為什麼會變，有它的道理，明白了這些，就能知人生「必變、所變、不變」的大道理，道理懂了，就能以「知變、應變、適變」的大法則，作為處世行為的根本。

萬物始生，由於潛在的生機力量。屯卦出現於乾、坤之後，象徵地球大霹靂之後，雷雨滿盈，天地開始生長草木。顯得很不安寧。屯卦教導我們，既生為人，就應該明白做人做事的道理，以符合天道（自然規律）的要求。震下坎上，表示陽氣雖足，而前進艱險未卜，必須盡人事以聽天命。惟有早日走上正道，才能不斷成長。記得易經有過一段話：吉人之辭寡，躁人之辭多。吉人之辭寡：震卦。尚氏注云：「震為言，震反為艮，故言寡；艮為人、止、靜，故曰吉人。」故言：吉祥而善根深厚的人，業障淺薄、定力深厚、心氣平和、溫文柔禮，說話時，那些——浮誇不實、尖酸刻薄、造謠生非、綺麗淫語、言不及義的廢話會很少。躁人之辭多：震卦。尚氏注云：「震為剛決急躁，艮為人，故曰躁人；震為言、躁動，震為似兌而長舌，故曰辭多」；故言：性情輕浮而毛躁激動的人，不理性，不冷靜，意氣用事，任性盲辭奪理，遇事蠻橫，我慢貢高，有人無己；這種人說話會雜亂繁多，不知剪裁。

於是在寫作時我為自己卜了一個卦，卦象如下：

乾金本宮卦：乾為天　　　乾金變宮卦：乾為天

【六獸】	【伏　神】	【本　卦】		【變　卦】	
白虎	父	丁未土 世父母 ━━━	壬戌土	壬戌土 父母 ━━━	世父母
螣蛇	兄	丁酉金 兄弟 ━━━	壬申金	壬申金 兄弟 ━━━	兄弟
勾陳	子	丁亥水 官鬼 ━━━	壬午火	壬午火 官鬼 ━━━	官鬼
朱雀	父	丁丑土 應父母 ━━━	甲辰土	甲辰土 父母 ━━━	應父母
青龍	妻	丁卯木 妻財 ━━━	甲寅木	甲寅木 妻財 ━━━	妻財
玄武	官	丁巳火 子孫 ━━━	甲子水	甲子水 子孫 ━━━	子孫

本卦：乾為天

卦辭：乾：元，亨，利，貞。

象曰：天行健，君子以自強不息。

彖曰：大哉乾元，萬物資始，乃統天。云行雨施，品物流形。大明始終，六位時成，時乘六龍以御天。乾道變化，各正性命，保合大和，乃利貞。首出庶物，萬國咸寧。

天行健，君子以自強不息。

用九：見群龍無首，吉。

上九：亢龍有悔。

象曰：亢龍有悔，盈不可久也。

九五：飛龍在天，利見大人。

象曰：飛龍在天，大人造也。

九四：或躍在淵，無咎。

象曰：或躍在淵，進無咎也。

九三：君子終日乾乾，夕惕若，厲，無咎。

象曰：終日乾乾，反復道也。

九二：見龍在田，利見大人。

象曰：見龍在田，德施普也。

初九：潛龍勿用。
象曰：潛龍勿用，陽在下也。

變卦：乾為天

卦辭：乾：元，亨，利，貞。
象曰：天行健，君子以自強不息。
彖曰：大哉乾元，萬物資始，乃統天。云行雨施，品物流形。大明始終，六位時成，時乘六龍以御天。乾道變化，各正性命，保合大和，乃利貞。首出庶物，萬國咸寧。
用九：見群龍無首，吉。
天行健，君子以自強不息。
上九：亢龍有悔。
象曰：亢龍有悔，盈不可久也。
九五：飛龍在天，利見大人。
象曰：飛龍在天，大人造也。

九四：或躍在淵，無咎。
象曰：或躍在淵，進無咎也。
九三：君子終日乾乾，夕惕若，厲，無咎。
象曰：終日乾乾，反復道也。
九二：見龍在田，利見大人。
象曰：見龍在田，德施普也。
初九：潛龍勿用。
象曰：潛龍勿用，陽在下也。

易經擇日風水學

易經的應用有陰宅、陽宅、命名、擇日、地理風水……等，而擇日之法多端，必須配合時間（天運）空間（地運）生命（人運），才能求得真正的吉日良辰，以趨吉避凶，而真正獲得吉應幸福。我們常說，一命二運三風水，講求風水，如果不配合擇日，亦是不完全的，而且有時求吉反凶。故堪輿名家說：發福由其地脈，催福出於良辰。雪心賦更說：山川有一節之小疵，不減真龍之厚福，年月有一端之失，反非吉地之禎祥。由此可知，中國古言堪輿，堪者天道也，輿者地道也，即天文地理的配合，也就是除了吉地吉方之外，還重視吉日良辰的配合，所謂體用的配合，每一件成功的事都有其天時、地利、人和，撿骨亦是如此。

體即如龍山方向之有一定者，用即如年月日時之無定者，而所謂補龍、扶山、相主，制凶助吉，就是以無定（時間）的用去配合有定（空間）的體。尤其是，目前吉地難求，社會推行火葬，人們單靠陽宅以蔭生，則更應重視吉日良辰的選擇。造命歌說：「不得真龍得年月，也應富貴旺人家。」以駕車為喻，汽車好比地理，開車技術好比擇日，大地理就好比名牌汽車，如果你的開車技術不好，一樣會出車禍，在地理上謂之吉地凶葬。普通地理，好比是國產汽車，如果你的開車技術好一樣可安全到達目的地。

而年月日時如何選擇？大約有下列幾種方法：

叢辰法：就是以神煞吉凶為主的選擇法。建除法、董公日子、陳子性等亦屬之。這些神煞的設定，主要根據易理八卦、河洛之數、陰陽五行生剋及社會習俗、歷代名師偽造。就時間本身的吉凶神煞，分為年家、月家、日家、時家神煞，就空間因時間不同而造成的吉凶為山家。此法現今社會流行最廣、派別最多，應注意辨別真偽。

祿命法：亦稱造命法。其法與子平法排八字取格局相似。其理論基礎，謂造葬課八字，猶如生人八字，如果財官有氣，再得祿馬貴人，合得拱夾大格局，未有不得富貴，故造、葬甚重視造命法。

天星法：亦稱「七政四余擇日法乃社會所言之吊天星也。」所謂天垂象示吉凶，在天成象，在地成形。其法由於古時宮庭嚴禁，社會少知，也由於推步之難而精者稀；現時以弧度之法推算，涉及的學科有天文學、航海學、立體幾何、三角數學等。

紫白法：亦稱三元紫白、九疇遁甲。是最具威力的擇日法！丘延翰云：諸家年月多訛桀，唯有紫白卻可憑。紫白法不僅用於選擇，還用於陰陽二宅、元運，甚至有用於算命者。

運氣法：亦稱五運六氣，即基於五運六氣的周期模式，以律氣候之變遷，吉凶之肆應。

斗首法：以坐山斗首五行與四柱化氣觀生剋關係。

演禽法：或稱翻禽法，仿六壬法四課三傳，以彼禽失位，我禽得地為擇日吉凶準則。

穿山法：即起山命之法，並仿人命起十二宮，而取山命「房份」人丁三者為主的擇日法。

奇門法：以兵家奇門遁甲法，應用於擇日。

六壬法：以六壬三傳四課之法，應用於擇日。

太乙法：以太乙神數之法，應用於擇日。以上奇門、六壬、太乙謂之三式，三式合一，得算者福，失算者災，有其神奇之處，故云：三式合一乃為神。

三元法：乃曾子南先生所創的擇日法。在台灣已有一段期間的實驗，有些擇日家也採用。

總之，選擇吉日良辰不外本著易經陰陽五行的正理，順著春夏秋冬四時節候的變化，審查其日辰五行的旺相休囚（吉神要旺相，惡曜要休囚），以生剋制化的手段（制，尤如以力勝人；化尤如以德服人。生，即扶助之意，以補不足；克，即克制之意，以損有余。）以達到扶龍、補山、相主的趨吉避凶的目的。

擇日利用時間的因素（天運、天氣），和風水利用空間的因素（地運、地靈），來改造人類原有的命運（人運、宿命）都是可行的，並且是行之有較的。古代擇日家研究擇日學，不單隻取吉日良辰，尚有各種作用法，也就是轉運改命法。但是，中國擇日學已流傳三千多年，期間各家各派不斷涌現，各說其是，真偽共存，因此，我們研究擇日法，要保持一個原則，就是盡力探求真與合理，要探求真正的吉日良辰，不要迷信一些無稽神煞。以免所選之日，吉非真吉，而所忌的日時，又凶非真凶，將真正的黃道吉日遺漏了，這豈不違背選擇的宗旨？

所以《易經》是一部真正貼切人生的實用哲學。成卦之後，可經由卦象、卦意及爻辭的分析，明瞭事物萬象的變化，說明因果關係、陰陽的對立統一、社會的一切現象及其規律，為我們提供了方法，能夠掌握事件救應轉圜的歷程，得知吉凶悔吝的時刻，明白趨吉避凶、順應窮通的辦法。

易結不易解

有位朋友經相遇偶然得知我會紫微斗數而想更進一步了解紫微斗數，隔天這位朋友馬上拿訂購《破解命理詐騙：論紫微斗數與姓名學》的書來給我簽名，真是非常感動，聽說他對紫微斗數非常有研究。他問我一個問題，頓時我卻不知如何回答，問我為什麼想轉跑道做公務員，會不會太浪費人材了。應該在大家刻板印象或社會觀感中，認為算命是很賺錢的行業，都會吸引一窩蜂的人去學命理，而學成之後都想能夠出人頭地營業賺錢，因為就是有很多人想學卻學不來的紫微斗數，更把紫微斗數提高了身價，成為天下第一神術。

他看了我康熙看病一篇文章而有感而發，看病一定要對症下藥，若沒有對症下藥的話，再好的藥亦是無法幫人治病的，所以不要小看自己，天生我材必有用，人就像藥材一樣，一生下來必有其用處，若能將自己放在「對」的地方，定能充份發揮自己的能力。當然我有自己的盤算，近可攻，退可守。記得在紫微斗數古文有一句亢龍有悔。即子曰：「貴而無位，高而無民，賢人在下位而無輔，是以動而有悔也。」意思是說：君子在最高成就之際，最容易犯目中無人的毛病，因此不受到賢人老百性的愛戴，因此須謙虛自持，方可無悔。而由於古代皇帝相信天命，所以最常藉由易經卜卦來窺探天意，也就讓易經這項古老智慧，一直發揚延續到現在。

我再以宏觀跟微觀角度來看，遠見是君子行事成功的關鍵因素之一。故孔子曾言：「人無遠慮，必有近憂。」這遠見一詞，與短視近利相對。「君子喻於義，小人喻於利。」即是最佳詮釋。孔子強調「無欲速，無見小利。欲速則不達，見小利則大事不同。」若只見小利，則無法成就大事。因此君子重義，義即是遠見，待時而動，居安思危，知幾之意耶。所以時機未到，不可做能力範圍以外之事，每個人都有不同的命和運，就看你如何知命掌運。有人說，根據河洛理數、易經八卦對數字付予的能量密碼所產生的吉凶災咎悔吝。透過造化之理，生尅之妙使之陰陽調和，而達到「造運．開運」的效果。因此，所有的數字論述都有根有據，各數字的吉凶詮釋，也都從易卦之理而來。

Chapter 4

紫微斗數概述

紫微斗數示天機

「紫微斗數」以其預測細緻及準確性極高，最深受大眾喜愛與重視。斗數命理是中國古傳眾多命理學之一。從文化和歷史觀點來看，一種學術能傳延千年而不至湮沒，應該有它存在的理由。「紫微」指的是北極星，「斗」是指南北斗，以天上的南北斗為主星佈於命盤，用來推算祿命，稱為斗數。所以紫微斗數目前已成為家喻戶曉的名詞，而且很多人將之應用於各方面之研究，市面上的書籍汗牛充棟，其理論基礎大部份可以說來自清朝策天十八飛星全集。

斗數目前分四化派和三合派，但目前學習者都醉心於四化飛星，忽略了三合派，殊不知，三合派斗數正如八字的格局用神，四化飛星正如八字的喜用神，兩者要互相搭配才能使得斗數功力更上一層樓。簡單來說，紫微斗數是以年、月、日、時來帶入公式，再排星情方位之命盤，以十二宮來涵蓋個人一生中的人際關係和社會關係，再以十年為一大限，推演運勢之起伏、興旺休囚，以一年為小限，

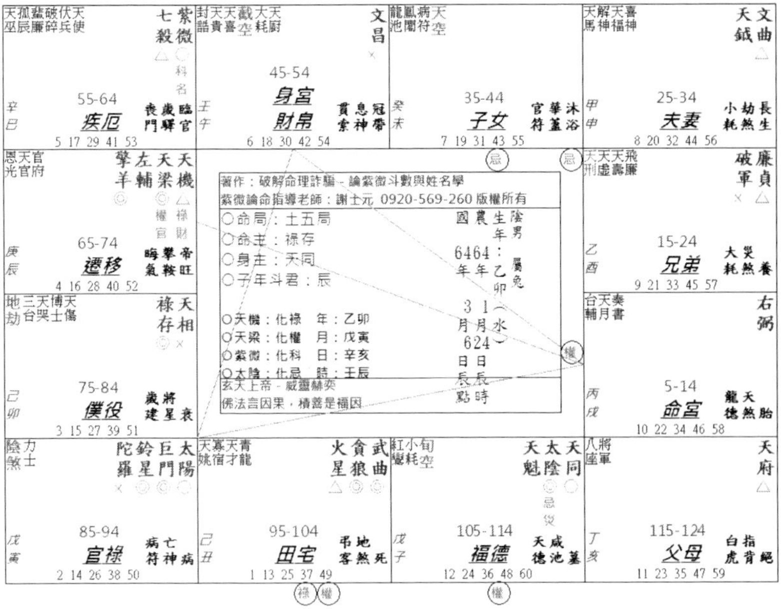

知一年之吉凶禍福，再配合四化、格局、宮位等之靈活運用，使得命學得以盡善盡美。不過斗數面臨之困擾仍在於流年之問題，流年、小限、斗君……孰重孰輕無以究理，故總覺得斗數書籍雖多，並無一完整者可尋。

而現今紫微斗數各學派間，對於天干四化及起大運之方法，仍有分歧；再加上究竟斗數是用天上真星或是虛星代號來起盤，未有定案，所以在算命時仍間有參差，另外斗數所用之星曜，與玄空飛星派所用之星，雖然名稱相同，但實義不同；而又不是用五行學理來推算，故不可配合風水來改運，這是其弱點。為何今日紫微斗數會如此紛耘紊亂？例：庚年四化，天相乎？天同乎？太陰乎？天馬按法，閏月算法，文曲安法，是否再加歲破、天廚……等問題，迄今尚無定論。

當然紫微斗數千變萬化，易學難精，如果是以正確的紫微斗數來分析未來，是可以讓人預知未來的命運。不可諱言，這套命理學由於古傳典籍太少，甚至所有的文字，幾乎簡潔到必須用推敲才能了解它的文義。特別對一些理論和一些關鍵性的文字，因缺少實例的引証，使人讀來如墜五里雲霧中。比如，命宮謂之為「先天」、身宮謂之為「後天」，究竟什麼是「先天」？什麼是「後天」？根本不加闡釋。又如「七殺廉貞」，既可以「積富之人」，亦可以「路上埋屍」。類似這種語焉不詳的文字，都讓人覺得這些古傳典籍簡直成了看不懂的有字天書。

申言之，「紫微斗數」雖然義理高深，其預測原理就是以一個人的出生年月日時所排列出十二宮垣，其中包含命宮、兄弟、夫妻、子女、財帛、疾厄、遷移、交友、事業、田宅、福德、父母、身宮等，再經由基本命盤中的星曜推演出一個人的吉凶禍福及流年運勢等。「紫微斗數」亦出於道家，始於呂純陽，載於道藏經，至宋朝陳希夷，明朝羅洪先，清朝青城道士等繼續研究，發揚光大。宋朝陳希夷被認為是「紫微斗數」的集大成者。民初北方亦有人加以研究，抗戰期間，有人發現許多有關「紫微斗數」的書籍和秘本。由於知者守秘，以致故流傳不廣。

本世紀六十年代以來，經有心人士的大力推廣，紫微斗數早已深入人心，風靡日本、香港、台灣等地，研究者眾，流派紛呈。雖各有所長，卻始終不離其基本義理。而高階紫微斗數更有占卜及風水上之使用方法，令到在運用方面．來得更加豐富及全面現時紫微斗數派系可有「透派」「綜合派」「隔山派」及王亭之先生之「中州派」。在中國大陸，改革開放後「紫微斗數」亦廣為人知。「紫微斗數」在中國傳統的推算術，已存在一千多年之久，卻歷久彌新，主要就是其推測的準確性極高。可以說三合派是以星性＋星群組合為骨幹＋三方四正論述為主，有人以南派稱之，比較重視格局 注重星與星化學變化。而四化派（飛星派）是以四化飛星為主， 有人以北派稱之，沒有擎羊與陀羅，是以十八主星為主以本命盤、大限盤、太歲盤為主論之。

「紫微斗數」亦是綜合統計學、數學、心理學、地理學及邏輯學的理論。再參合普通常識和人生經驗而成的一種學問。當初發明的人，將天上南斗星群、北斗星群、紫微垣群星及其他雜星的關係，來類比人的一生遭遇。掌握了「紫微斗數」推算的深奧義理，以之預測人的一生運勢吉凶與運勢，鮮有不中者，故其號稱「天下第一神術」，名列中國五大神數之首。不過，勸學齋有三個主張：一、宮星、四化，二位一體，缺一不可。二、論命不要像政治與宗教，老是恐嚇人。知命者知天，知天都以神佛之心為心，除了慈悲，還是慈悲。三、命理很神奇，但不要神話自己，盡可能將理說明白。

飛星四化轉乾坤

現代社會上喜歡研究紫微斗數命理的人士越來越多，坊間的書籍更是琳瑯滿目，但幾乎不出南北派三合的範疇。雖然有少許標榜北派飛星四化的著作，但一經檢視，卻仍然以古文賦的論據為主軸，論流年則引據太歲天干，對四化飛星的運用不僅是斷章取義，根本就是牛頭不對馬嘴。想要買一本真正的四化書籍，卻無處尋覓。難怪有些自我標榜為命學大師者譏諷為「四化無用」。其實上由他們的這一句話中，也曝露了他們雖自命為大師，畢竟也不懂如何運用飛星四化的窘態。

所謂的四化，就是斗盤中的四顆重要星「化祿、化權、化科、化忌」，很多人稱四化為斗數之「用神」，四化是依據天干的不同而起變化，因此，一共有十組，但因為各門各派都有自己解釋斗數的觀點，間接造成四化中有些差異，到底哪個門派才是正確的呢？如果從哲學的角度來看，每個門派都對。有人說「祿權科」是好的，「忌」是不好的，但是這樣的區分又不符合陰陽平衡的道理，因此又有一些人主張「祿科」是好的，「權忌」是不好的。然而，當我們拿這四顆星在命盤上化來化去，用好與壞來驗證的時候，卻發現明明是「化祿」，但看不到好事，明明是「化忌」，卻又好事連連，化來化去化到最後也沒有一個標準。

初學者，一開始自動進入四化。看到化祿就高興，看到化忌就心驚，這就是因迷惘，被「祿、忌」這兩個字帶著團團轉。學了不久，開始發現「祿」並不一定賺到錢，各門各派就發展出自己四化的一套理論來。四鳳是用天干化合，看祿、權、科、忌的變化，三旗是用地支三合，看祿、權、科、忌在時間上的變化。

所以我簡單的來論述南北派斗數論命技巧有何不同處。比如，北派重意象，南派重形式。北派重邏輯，南派重徵驗。北派重演繹，南派重記憶。北派重系統，南派重單元。北派重多義，南派重獨義。北派重四化，南派重星辰。北派重體用，南派重強弱。北派重取象，南派重格局。

南派斗數論命技巧

斗數論首重三方四正，三方四正是斗數星曜連鎖破撞的固定軌跡，所謂三方四正，就是以命宮、財帛宮、事業宮為三方，然後再加上命宮對面的遷移宮為四正。在《破解命理詐騙論紫微斗數與姓名學》已有談到，今天再延伸論述。這三方四正裡面的命遷財官四宮，由於是人生在世所必須面對的四大問題，故被列為四個重點宮位來看，斗數論命無論是判斷一個人的命格或一件事的吉凶，都必須將這四個宮位及其內部份的所有星曜連結起來看，不能純由單宮單星來判斷任何事情，就是不能單宮單星論。至於它們為甚麼被連結在一起？可能源自子平祿命法的三合之說，比如子平法有「申子辰合為水局、巳酉丑合成金局、寅午戌合成火局，亥卯未合成木局」，以及「子午沖、丑未沖、寅申沖、卯酉沖、辰戌沖、巳亥沖」等說法。

斗數以星曜為論命主體，斗數星曜由於須觀察三方四正連鎖碰撞，方能作出正確地命理判斷，那麼為整合三方四正連鎖碰撞之下的眾多星曜，便出現了所謂的格局結構。所謂南派三合格局論，紫府同宮格、府相朝垣格、紫府朝垣格、明珠出海格、日月並明格、日照雷門格、月朗天門格、巨機同臨格、機月同梁格、石中隱玉格、日麗中天格、巨日同宮格、月生滄海格、日月照壁格、貪武同行格、日月夾命格、英星入廟格、七殺朝斗格、馬頭帶箭格、三奇嘉會格、雄宿朝垣格、祿合鴛鴦格、雙祿朝垣格、祿馬交馳格、左右同宮格、坐貴向貴格、文桂文華格、命無正曜格、科權祿主格、輔弼朝垣格、兼文武格、貪狼遇火格、財祿夾馬格、輔弼拱主格、君臣慶會格、祿馬配印格、日月同臨格、刑囚夾印格、文星夾命格、文星拱命格、科明暗祿格、金輿扶駕格、祿逢兩煞、馬落空亡、日月藏輝、財與囚仇、一生孤貧、小人據位、兩重華蓋、風雲際會、錦上添花、祿衰馬困、衣錦還鄉、步數無依、廉貞文武格、貴星夾命、三合火貪格、貪鈴朝垣格、丹墀桂墀格、甲第登庸、科名會祿、權祿尋逢、極響離明、文梁振紀格、輔拱文星格、機梁加會格、化煞為權格、壽星入廟格、化星遇貴格、將星得地格、極居卯位格、殺拱廉貞格、巨逢四煞格、命裡逢空、桃花犯主、泛水桃花、風流綵杖、眾水朝東、路上埋屍、水中作塚、粉身碎骨格、離鄉遭配、鼠竊偷盜、離宗庶出、因財持刀、因財被劫、梁月飄篷格、文星遇夾、科星煞湊、魁鉞凶沖、官祿入煞、巨機化酉、月同遇煞、四星遇貴、文星失位。這無非表示同一格局裡面的各個星曜之間，彼此具有某種互為相契的星曜賦性，故能互相連結成為一股特定的星曜勢力。正因如此，凡熟悉斗數論命者都知道三方四正內的星曜若能構成為格局，那麼它們對於命盤的影響力自然加重，非漫無章法的星曜碰撞所可比擬。

根據一般說法，斗數祿命法裡，具可考的星曜共有一百一十三顆，這些星曜依其重要性，通常被分為甲乙丙丁戊五級，密密麻麻排入斗數命盤之中，看起來直叫人頭昏目眩勞心又費神。因此才又出現了北派斗數論命法，只用十八顆星曜飛來飛去論吉凶，星曜是基本技巧，四化是高級技巧。沒有星曜的基礎，四化就亂飛了。斗數因文明、文化之不同，以長江為分界，區分為江南、江北兩派。而今日命理學家仍以南派居多，目前台灣所常使用的斗數，大部份均承襲南派學說，北派的比例較少。而香港雖也沿用南派學說，但較無派別之分。

換言之，紫微斗數它就像是一套解讀人生命與運的方程式，紫微斗數的原始創作者在設計這套方程式時，係運用極為嚴謹的方法，依序將陰陽、五行、十天干、十二地支、太極、四象、八卦、八卦納甲、八卦納支、河圖、洛書等元素，及天地、上下、左右、順逆、往來、有無等觀念而成。

四化的理論由於非常複雜又是秘傳，能完全弄通並不多。飛星學說在台灣陸續出土。這個學說，被部份人稱為「四化派」。後來隨著越來越多人以「飛星」之名發表其承傳，大家又改稱之為「飛星派」。「飛星派」據說源遠流長，以道家卦氣論為骨幹、河洛理數為基礎，著重宮位重疊、太極點、體用和四化飛星的軌跡之運用。所以北派河洛紫微斗數是以「宮」、「星」、「化」為三大支柱，四化飛星的部份被列為高級的論命技巧。故北派斗數說「用神萬端」，用是以體賴上為用，神是神妙莫測。飛星派又分太歲派與小限派，太歲派與主星派學說別無二致，判斷流年運限時，以太歲宮為主要判斷依據，並配合流年星曜及十二宮推該年的吉凶。因以太歲宮為準，故可發揮極大的效果。

小限派在行運的看法上主要是以大限宮與小限宮的關係做為判斷的差異，在評斷流年運限時，主要是用小限宮的流年星曜為本，與太歲派相比，僅略佔上風。事實上，各派別在推算命理的準確度而言，幾乎不分上下，全看命理家的經驗與能參考依據多寡而定。各有優缺點，如何互相補足才是研究命理學應有的態度。

我來談談「華山欽天四化紫微斗數飛星秘儀」。內容有「飛策」、「飛星」、「飛宮」、「飛運」、「九星布十二宮七星訣」、「四鳳三旗兩儀標」、「先天四化飛星棋譜」和「十干步天訣」等等。此派是非常著重飛星理論的學派，對「飛星紫微斗數」影響深遠。代表人物繼有方外人先生，法堂主人和方無忌等。欽天四化的原名，叫做「圖化四象」，又名「象四化圖」。它的基本理則，就是圖象之說。欽天門論命指歸：形而下的是「來因宮」及「生年四化」；形而上的是「左右昌曲」。形而下的是來因宮及生年四化，所謂來因宮是生年天干所落宮位，十二種不同之因緣法。來因宮是「本體論」，即宋儒周濂溪所言之「誠體」，此誠體也就是太極圖說；孔子亦言：「不誠無物」，就斗數而言，來因宮就是生命哲學的本體論。而生年四化就是由生年天干所化氣出來的天干：甲、乙、丙、丁、戊、己、庚、辛、壬、癸。四化：化祿、化權、化科、化忌。

◎甲廉破武陽

◎乙機梁紫陰

◎丙同機昌廉

◎丁陰同機巨

◎戊貪陰弼機

◎己武貪梁曲
◎庚陽武陰同
◎辛巨陽曲昌
◎壬梁紫輔武
◎癸破巨陰貪

再來形而上的是「左、右、昌、曲」。欽天門的斗數精髓，不完全在探討「宿命論」，命之所在猶人之身所在，不能說沒有命理之存在，但命運之吉凶悔吝，人生後天的景象，不可能是先天的，若要把命回到先天之易，那必然要回到人類懷胎的十個月之間，且這十個月之間是有生命；因此斗數有左右昌曲這四顆星。

◎左右是依「月系」而定
◎昌曲是依「時系」而定
◎紫微才用「生日」而完成，才有命盤的排列組合

佛學有因緣果報說，而斗數之左右昌曲正是佛學之因緣果報，並能看三世因果（此乃言學理數據，不是講宗教信仰），此四顆星才是欽天門斗數絕學之特色。不過欽天四化有很多很好的哲理，也有很多人想學，但在坊間流傳了幾十年，卻幾乎沒人學得會。大家可以去各

大論壇看看，以欽天四化理論為討論的文有多少？以欽天四化理論為人斷命的又有多少？學得會的，不想拿出門，學不會的，也不敢丟人現眼。以欽天四化為名的文章，大都是抄來抄去，也可以說欽天四化理論為人斷命的方法，通通是馬後砲。

中言之，「紫微以十八飛星為名，發源在紫白飛星」，也就是說紫白九星是奇門之用，也用於地理、風水。四化，其實是四顆主星位置上的變化，或者稱「飛化」，本身並沒有所謂的好與壞，真正造成吉凶的，是當四顆星「氣」變化到該宮位時，與該宮位產生了化學變化，因此演化出吉凶，祿權科忌的好與壞，端看星與宮位五行的生剋。這中間就演化出一個問題，星與宮位之間的生剋問題，到底要以地支的五行為主，還是要以該宮干「納音五行」為主？接下來一個重點是，有許多學派會利用到「來因宮」，來因宮在位置座標上確實是個基準點，但是否是四化計算的基準點呢？如果有帶四化的四顆星都是從別的地方變化過來的，那他原來的位置在哪裡？學習斗數的人都會有一個疑問，紫微斗數的「數」在哪裡？有人說其實紫微斗數的「數」就在「四化」中。

所以現在論命盤，看到某某星化祿，某某星化忌，都是討論「後果」，那「前因」在哪裡？因此，同樣是命宮紫微在寅的斗盤，同樣是甲干年，對五行局不同的人來說，四化所引動的結果是截然不同的，不但四化的吉凶不同，他的「前因後果」也完成不同，這就是看山不是山，看水不是水的原因。其實斗數的內涵不在命理，「祕儀」只是化名，紫微不同於八字，斗數論命不用五行。斗數不依五行，是四化的論點，不依五行不是錯誤，是系統不同而已。

因此造成紫微斗數的錯誤，有人說，事實上包括七政四餘、燈下術、飛燕瓊林（飛盤四化）、奇門遁甲等，如此複雜之原因，仍因明朝嘉靖年間有一位欽天監（一種官名，專門觀察天氣，並用紫微斗數、七政四餘等法排出皇帝每日吉凶，稟奏皇帝，以供皇帝行事參考），因牽涉到一宗刑案，這位欽天監畏罪棄職潛逃到福建，以後就成為閩派五術宗師，而皇帝大為震怒，下令緝拿（猶如今日通緝），這位宗師只好剃髮為僧，遁入空門，但皇帝深恐此術流傳在外，如被歹徒利用，可以造反，豈不危及社稷？乃思一法，故意將紫微斗數、七政四餘、燈下術、飛燕瓊林等，洩露在外，而其中在緊要部份故意刪除，或羼入某些不正確的說法，以冀淆亂世人耳目，造成錯覺。

四化詮釋因果

各宮四化，命遷線、財福線、夫官線、子田線、父疾線、兄友線。紫微斗數歷史淵源流長，彌久不衰者，乃我國命理哲學之一，其源於河洛易經。而易本涵三——易數，易象、易理。理三歸一，周易為率即今所謂之易經。然易之本義者，（一）以理而言：是太極，氣也，氣化而萬物生焉。「範圍天地而不過，曲成萬物而不遺」。（二）以書而言：是河圖與洛書之演譯、分化兩儀、四象、八卦，所以「易者象也，象也者像也」。因氣含理，數中有象，是故易者「氣數理象」全備矣。而太極氣乎無極理，出於自然，始於無名，為大道無名，強名曰道者，乃兩儀之分化一陰一陽為道之名始，究其本源，乃河圖與洛書。此為中國哲學之大宗，舉凡哲學、數學、科學、化學、物理……皆不出其範疇，實則科學、數學……均是數的符號代表而已，數之易變，就是宇宙哲學的自然進化法則，其間藏有我國無限的文化圭寶，取之不盡，用之不竭。

命理哲學乃二元相對論，一因一果，一陰一陽之二元方程的數變，故言占卜命理，為哲學之一環，乃因果相對論。紫微斗數之「數」，絕非單指「數目」而言，它是指自然的氣數，束於有生之物，盈乎宇宙天下皆數也。人知河圖一二三四是數，而不知善惡是非也是數；人知算術加減乘除是數，卻不知進退存亡亦是數、數之以紀事，大而無外，小而無內，可以順性命之理，通幽明之故，盡事物之情，交感溫蘊，神明變化皆數也，故數抱陽而負陰，曰一生二，二生三，三生萬物，萬物全，五行備，由是推之，理氣則從先天後天演易而

推，相盪交感與生化之功，數千年來，此理不變，故「龍馬負圖」先天之陰陽始備；神龜出
洛，後天之理數方明。須知紫微斗數之星辰有陰陽，但萬物未得陰陽先得數，是此，紫微斗
數之「數」，乃宇宙自然造化之理則。

就命理言，萬般皆有定數與應數，富貴貧賤，窮通禍福皆有「數定」，歸依自然造化，
與道家之學相互吻合，故希夷、邵子……以自然為宗，以心易為用，「先天易學唯口訣，不
載經文不載書；能書稱草聖，開卷拜經神」是也。此部紫微斗數至今罕見之理也，能文墨於
字理行間者，均是紫微斗數之入門啟迪。申言之，紫微飛星四化之氣數理象的意義：氣指的
是太極，是宇宙萬物生成的根源，自始存在于無限時空之中，其極限可以無限大，也可以無
限小，但不等於零或沒有。例如整一個宇宙有一太極，一個單細胞也有一太極，甚至組成單
細包的每一分子，也都各有一太極。

太極是氣，是宇宙萬有的能源，化成陰陽，陰陽交構而化育萬物；萬物之中複皆涵蘊著
太極。雖變化莫測，但又恒有一定的秩序與週期，即是理、數，亦即「氣含有理，數中有
象。」紫徽之「數」字，在影射大自然造化的理則，而不是指單純的數目而言。人類無非也
是大自然的產物，所以人類性命恒受自然巧妙的安排，窮通禍福都在定數與應數之中。

天干四化內涵及應用初探紫微斗數預測體系雖然門派眾多，然觀其主要特點大致可分三

合、河洛兩大派系，即通常講的南北兩派（有書云：還有奇門一派），其主要特點是以卦位斷人事。三合派（南派）論命，以星情組合、活盤運轉為主線，用三方四正看運命；河洛派（北派）論命，以四化飛星為契機，用六、九宮位斷運命；二者論命，在整體把握和細微推斷方面各有千秋，如能將二者有機地合二為一，則可稱得上是完璧的紫微斗數。基於此，對天干四化內涵及應用作一初探，目的是讓喜好三合的同道，更多地從四化中汲取營養，使自己的三合功夫更加過硬；使偏愛四化的朋友，在眼花繚亂的四化飛星面前感到有法可依、有章可循，能夠快速進步、逐漸形成自己的風格。

四化論命中的天干內涵在三式（太乙、奇門、六壬）預測體系中，對天干的應用可謂深而廣之，而斗數論命中的天干應用卻遠遠不夠。法在理中，有感於有些東西只能意會，無法言傳，換言之，紫微斗數數暗藏其中，天星之數難學，只能由個人去體會，即所謂心裏有數，有德者始能得之。舉凡生、老、病、死、事業、錢財、婚姻、家庭、交友、福份厚薄都在其中。因此希望通過以下比喻能讓讀者初步瞭解天干之內涵，從而在理解古人為何如此應用的基礎上，開拓出新的應用領域。

生年干：終生監護我的欽差大臣，故而年干四化影響一生命運。流年（流日）干：當年（日）執政的最高長官，故而流年（日）干四化除影響本年（日）外，還有對以往冤假錯案撥亂反正、對以後事態發展產生影響之作用。十二宮干：為長期駐守該地區（宮）的欽差大臣，他的言行可代表皇上的旨意，故而他雖駐守一方（宮）對其他地域（宮）也有指揮權，尤其是輪到他監護我的時候（大小限、流年、流月、流日進入該宮時）以及當前執政的最高長官與他是親友關係時（流年、流日干與該宮干相同），其指令（四化飛星之影響）產生的效力極大。

由於他長期駐守某宮，其指令必然滲透、代表該宮的一些資訊，這也是同樣都使某星四化，來自交友宮干與來自夫妻宮干的有不同內涵的原因。十二宮干中，以命、財、官三位宮干最為重要，其次為疾厄、田宅、兄弟。干的概念，還可理解為一個對自己可能產生影響的能量場（或生物場，或電磁場），其中要數生年干和命宮幹的能量最為強大，因此河洛斗數在男女合婚或分析人物對待關係時，主要看對方的生年干和命宮干的四化星落入我之命盤的何宮。

四化生命密碼

綜觀紫微斗數之義理，十分深奧難明。能完全明白斗數之奧義者十分稀有。所以大部份而言，僅用命理斗法或數法中的一小部份來作推命的，幾乎佔極大多數，難免有「推命不準」或「不攻自破」的情形發生。這不是斗數的不精確，而是使用者個人學習有限之故。既然命理之學涵蓋如此之廣泛，使用命理數推算的人，大都需有「世上無絕對準確之命，世人也無絕對不可改之命」的認知。

目前，在看到的斗數諸書中，對「四化」的論述仍都停留在「星辰為體，四化為用」的簡單說明上。孰不知陰陽互化之理同樣適應斗數中，「體」可以轉化為「用」，「用」也可轉化為體，星辰與四化的關係猶如木與火，濕木不易燃、火大沒濕柴。雖說「陰中有陽，陽中有陰」，體用難分，然陰陽、體用又是相對獨立存在的；星辰與四化的關係又像肉體和靈魂，在人為的世界上精神（靈魂）的作用往往大於身體（肉體），四化的作用是借助星辰形成一種強有力的能量場（氣氛），這種具有靈動力的能量場是可以單獨存在並對外產生效應的，現對這四種靈動力（能量場）簡述如下：

化祿：象徵收穫忙碌的秋天，為日落西山前的夕陽。五行屬金，為西方，與八卦中的「兌」相對。故而主喜悅、收穫、忙碌、珍惜、財祿、食祿、智慧、源源不斷等。

化權：象徵電閃雷鳴的夏天，為日至中天時的驕陽。五行屬火，為南方，與八卦中的「離」相對。故而主勢力、權威、爭執、虛榮、自負、揮霍、剛強、鋒芒畢露等。

化科：象徵百花齊放的春天，為旭日東昇時的曙光。五行屬木，為東方，與八卦中的「震」相對。故而主生長、名望、功名、情緣、科甲、貴人、桃花、清白高尚等。

化忌：象徵天寒地凍的冬天，為黎明前的黑暗。五行屬水，為北方，與八卦中的「坎」相對。故而主收藏、兇險、變遷、沉迷、災禍、死亡、是非、奔波勞累等。

有了以上四化概念，我們就不難理解：化忌在寅卯宮位為「不忌」（化忌屬水，寅卯木能泄水），祿忌同宮以雙忌論（化祿之金生化忌之水，使化忌力量加倍），論進財看化祿（化祿主收穫），論升遷看化權也要看化祿（升遷為升官又加薪，權主官、祿主利），找物件、尋良醫要從化科著眼（化科象徵春天，鮮花千朵我只能采一朵回家，野草萬株只有幾種能治我病，一切皆靠緣分而定），論變動（事業、錢財）要看大限的祿轉忌（祿主收穫，忌主收藏，收藏的目的在於來年取得更大的收穫）。

斗數姻緣簿

愛情讓人癡、愛情讓人迷、愛情讓人刻苦銘心、愛情讓人難以忘懷，愛情沒有正確解答，但它卻影響世間男女，為情所困，暗戀、初戀、交往、外遇、第三者、失戀、婚姻、婆媳、姑嫂、離婚，這各種疑惑問題在紫微斗數命盤裡就可窺出大概，不過有原則就有例外，例外就是你如何去掌握這玄奧的紫微科學，而不是以怪力亂神來誤導。

前幾天教一位朋友排自已的命盤，參照《破解命理詐騙：論紫微斗數與姓名學》教學，其實手排命盤真的有比較真實及成就感，不像電腦排盤講究效率，因而無法深入了解星曜運轉的奧妙。命主天同水，南斗化福為福德主，天同入廟，肥滿清明，仁慈耿直，體型胖圓面貌似孩童，眉清目秀，有幽默感，因福相所以人緣好，多學少精，甚麼都懂一點，就已知足，至使不再深究，換言之，乃是樂觀之人，但由於過份的情緒化，因而影響事業及愛情運，財祿雖足，但福不全，宜修身養性。

因個人隱私我就不再詳述，但在分析過程中已透露出紫微斗數命盤牽引著她的人生，她說她來驗證命盤，我說命盤在妳出生時就已注定，妳只是在照著命盤走而已，但這也不是全然無法改變，就看你是要行惡或行善來區分個性改變人生。未來世界雖然無法捉摸，但知與慾，準與不準，如人飲水冷暖自知，命運不是決定於你的遭遇，而是決定於你看待遭遇的角度，心迷就會苦，心悟就自在，之前已談過太多了就不再累贅。

其實每個人都有每個人的命運及命格，成功人士之所以成功，背後有著他不為人知的一面，在紫微斗數命盤中每個人都會經歷到八到九個大限，這端看你的福報或考驗是否能走完人生旅程。而每個大限裡都有它的機緣和考驗及相遇的人，這就是上天公平的地方，也就是說沒有人一生都是好運和一生都是壞運的，有些人有可能連續走了三個大限的惡運（考驗），但在第四大限以後就平步青雲，這就是早年辛苦晚年福的命格。

跟幾位朋友聚餐，話題還是離不開感情和事業，在紫微斗數裡夫官一線顯現，也就是說事業宮對照夫妻宮，這兩個宮位是相互牽動的，有些人選擇江山不愛美人，有人選擇美人不愛江山，總是不斷上演著英雄美人情關難留。有人好奇我的感情世界，其實我命宮無主星是趨向沒自信且保守的，感情比較被動，屬於理智型，在命遷一線天機天梁祿權占宮，出外有機緣及貴人相助，也有左輔右弼會照，暗示著桃花處處開。

再觀夫妻宮無主星，文曲天馬天鉞坐守中宮，驛馬這顯象是實實在在的晚婚格局，感情世界裡充滿了過客，時間到了就分手的姻緣薄，愛情總是無法維持的感嘆，嚴格來說早年的感情是比較無法找到契合的對象，晚婚是比較圓滿而且會找到幫夫運的老婆。

在談話中好像是真心話大考驗，其實專一和花心很難定義，在我感情世界裡我總是專一的跟一個人交往，在分手以後，我從不跟前女友連絡，這是給另一半一種安全感，這世上應該少有。但被提及交往過幾個時，我就被冠上花心的帽子，這實在冤枉，所以我都不想談到數字以免破壞緣份，再被問到哪一個比較深刻時，其實我每個都是真心對待，只是有緣無份而已，這也不能怪我，命中註定啦。有一首歌是我常在ＫＴＶ唱的歌，是 鐘鎮濤的捨不得，這首歌也唱出他跟他老婆離婚的心聲。

當妳哭泣在電話那頭請記得我也為妳擔憂
一顆心分兩頭　這滋味不好受

不想看見妳漸漸消瘦知道妳想過新的生活
這片天多遼闊　又怕妳路難走

分手的時候　總有人瀟脫　絕不是我
說誰的情長　比誰的情多　一定是我
但我贏了又如何

捨不得　妳要走　捨不得　妳會說
愛我天長地久　到最後還是空

捨不得　淚在流　捨不得　心在痛
愛我海誓山盟　我又能夠留住什麼

總之，緣份到了，不婚主義的人也會想要結婚，倘若緣份未到，渴望愛情的人再怎麼努力也是結不了婚，切記不要為了結婚而結婚，不然結了又離，讓月老的業績下滑，月老就會產生無成就感及無力感而行政怠惰了，因此辜負了天下有情人。

斗數的風生水起

據我所知，這十多年來，台灣興起一股研究數術的風潮，使得這種過去數千年來只流行於中下階層或是失意文人的學術，一下子似乎變成顯學；社會上各種技巧、門派奇招百出，呼風喚雨好不熱鬧，但是直到今日，到底有多少人去思考過——這些技巧或學問到底對人們是益處或是害處？有心為惡的事例在報紙社會版是屢見不鮮的：某某相士騙財騙色……某某相士搞得人家破人亡等。至於那些無心為惡的人難道就對了嗎？對於提供生辰時刻者有了益處嗎？你將來會和身高一六五公分、體重五十公斤的女孩子結婚……這種說法充斥在所謂的論命市場；你天生孤剋，結婚一定會分手，家庭一定不幸福……這種說法在市場上也是常見的手法。這許多的種種，到底對人有何幫助呢？若沒有正確的命理態度及觀念，上述的說法大多只是在給人心中蒙上一層陰影，在心中提起一塊大石頭罷了！

不管是基於何種心理或原因，提供生辰者皆有權利了解正確的命理觀念，皆有權利要求免於恐懼的自由；而另一方面，論命者亦有義務使人了解——什麼是命理，命理的作用，命理的限制……這的確是不簡單的任務，但我希望論命者能盡力去完成。因為大家學習斗數多年的經驗，被命理所害者，遠比從命理中得到益處者為多。這是一個十分無奈的結果，希望後來的學習者好好記得這個想法，以免後人再受錯誤思想的危害，人類思想上錯誤的迷思已經夠多了，不需要再加上這一件吧！

斗數過去十年的發展——從唯心論到心物合一，自從慧心齋主的《紫微斗數新詮》出版迄今，時間早已超過十年，我也從舊書攤中尋寶了不少本。若說民國七十一年前斗數是處於潛伏期的話，則《紫微斗數新詮》無疑地是掀起波瀾壯闊十年的里程碑。時至今日，為此段光輝的日子做一下歷史的回顧，相信是十分具有意義及價值的事，因為在這過程中，斗數的隱藏面、灰暗面，斗數的能力及限制，一一地被加以發覺及加以檢討，逐漸地科學及合於理性思考的法則被注入新的斗數系統中，而成為正確命運推測規則中不可或缺的一部份。這種觀念的改變，若以哲學的角度來看，則以從唯心到心物合一最為恰當。

斗數據說是陳希夷所創，不過這已不重要。但是自創立後數百年，斗數似乎被冰凍起來般，並未得到很大的發展，據說明朝時羅洪先曾經整理，但後來的發展亦不清楚。今日斗數的秘笈是清版書，同治年間出書，至今不過百多年。斗數由於過去流傳於中下階層，且似乎未受重視，其發展緩慢當為可信。在八字早已繁花盛開，甚或列入四庫全書時，斗數仍沒沒無聞，直至民國初年，《斗數宣微》一書才再有系統地批註評論一番。這距今不過六七十年前。

民國三十八年後斗數的發展，有兩人較為重要，一位是鐵板道人，另一位是何茂松老先生。當然也有其他人也懂斗數，但對於想法貢獻不大。一派思想要得以發揮影響力，廣納門徒是必需的，著書立說也是必要的，但是門徒中有人能推陳出新，揚名立萬則可能更是重點，上述兩人中，太極玄社的何茂松老先生無疑就是所提及的現象，他的大弟子——紫雲先生，由於著書立說，言前人所未言，在今日斗數界早已成為一代大宗師，他對於斗數現代化注入一股活水源頭。民國七十年前，學習斗數多半係以小班制上課為主，但是自慧心齋主在中國時報上開始談論斗數後，為斗數的推廣注入了新生命。由於慧心齋主使用淺顯易懂的今日話語來詮釋斗數中各顆星曜的性質，使得這個古傳的推命技巧，一下子似乎變得十分容易——易排命盤，易算命運。這部書可說是獲得全面的成功，據說此書（紫微斗數新詮）銷售數十萬本，學斗數人手一冊，按圖索驥，不亦快哉。在其後她又寫了紫微斗數看婚姻、看求財、論工商人……等書，也都得到成功，這使得她今日仍在報上執筆寫專欄……紫微斗數新詮的成功不是偶然的，它使讀者可以自己排命盤，自己依據一宮一宮來分析解釋，比起講義式的秘笈簡單易解，但是由於她採用一宮一宮式的解盤，卻也使人誤解了斗數的規則及技巧。

總之，新詮一書引起人們廣泛的注意，但也由於著作上的限制，使得學者不易精進。因為有許多錯誤的解釋及論段技巧及嚴重的單宮單論。新詮引起廣泛的迴響固然對斗數的發展有正面的幫助，但是就斗數內容而言，卻留下不少爭論之處，例如庚干化忌的問題，到底是慧心齋主所主張的太陰化忌——因為他一直認為天同是福星不化忌，還是天同會化忌？這是個一直爭論很久的問題；此外就是因為他的行筆為文，雖然語意淺顯易懂，但對於實際人事間的事物少有一針見血式的評論，因而使其說法仍多屬空泛，令初學者易感困擾。此外由於作者似乎偏精於基本的星曜特性，對於實際命運的推測較為疏略，導致學者登堂而不能入室。

隨著斗數的被重視，許多著作被寫出來，各家說法一時百花齊放；有些是闡述古傳心法的，有些是搞文學與斗數合併的，有些是斗數與八字合參的，還有一些是搞神祕主義，把斗數和宗教合併者，也有專門鼓吹先師手抄祕笈……等一大堆。其中較值得重視者當為大家介紹：

一、吳情。可惜他的著作似乎已經絕版，市面上不易買到。他的大作：紫微斗數七段式斷命法，在此書中，作者為古傳的斗數做了嚴厲的批評；其中諸如：斗數中大部分小星曜都是沒有用的，天傷天使古書說可以斷生死也是唬人的，廟旺利陷也是沒有用的……等。作者在其著作中力言斗數的一切重點在四化星的變化上，所以化祿和化忌才是決定因素。同時他的著作中也強調他擁有所謂「千古不傳之祕」等。總之，他已經為斗數的改革提出了聲明，可惜其態度有時又流為敝帚自珍，終至無法再為斗數的現代化再行貢獻。

二、透派。此派是以將斗數和封神榜神話合併而名聞斗數界的。他們把斗數稱為紫色薔薇占星術，比喻紫微是文王的長子伯夷考，什麼天同是文王，破軍是紂王，武曲星是黃飛虎等，可惜他們的比喻不倫不類，騙騙無知好奇的日本人倒是可以，我們後人再被騙那真是太那個了。

三、楚皇。此人著書立說，主張斗數與八字合參，亦即在斗數中也應用八字推命的原理，所謂相生相剋之裡，作者又獨創「拉環」理論，用以解釋星曜及八字法則間的運作，也算是自成一格了。

四、正玄山人。此人自創天地人紫微斗數，自言其斗數是「神」教他的，在他那些巨著中，對於他的求道精神及過程，頗多著墨之處。至於他的內容，據說頗多和命理補習班的講義雷同。

五、潘子魚。此人著作的特色是：下筆如刀；「此女必當偷吃」、「此女一定下海」……等字句，充斥其著作；他文中另一個特點是：根據先師手抄祕本……，凡是一切未可解的，都由上面得到答案。

這上面的人的著作，今日來看，皆可說是不合時宜，但是一想他們曾有的風光，不禁要為斗數命理的現代化感到擔憂。這些人或曰：大師、先知……等，真是所謂名大學問大嗎？身為後來的學者當深思其中的道理。自民國七十三年開始，斗數進入另一個新時代，這可以說現代化的斗數逐漸被披露，科學的命理觀也終被建立。

再來談談筆名了無居士的黃忠霖先生，本業是記者，但他後來開始接觸命理，並在民國七十年開始寫作八字的著作。在民國七十三年，他寫了《紫微論命》一書，當作是他踏入斗數界的初試啼聲，這本書的到不錯的反應，也給予他更好的機會。民國七十三年年初，希代書局朱實龍先生給予其機會，使得了無居士能在七十四年至七十五年間完成那重要的《現代紫微》七集，為斗數的現代化踏出重要的第一步。紫微論命一書的內容，主要係批判那時所謂「大師」的著作，並由著者一一加以論證，說明正確的命理技巧及觀念。這種能破能立的方式，可說是替讀者出一口氣，當然這也導致那些「大師」們的反擊，於是人身攻擊四起，頗有八二三炮戰之勢。

紫微論命之後，了無居士已成為斗數界的後起之秀，由於現代方法論及思考模式的注入，使得了無居士成為知識份子對傳統命理的代言人，在這背景下，現代紫微的出現不應視為偶然。現代紫微的出書，由七十四年至七十五年，一共出了七集。作者除了了無居士外，還有一些人士，包括許興智博士、慧耕術士、郭先生、非雲居士……等。現代紫微中還包括一個部份：紫微廣場，即讀者投書部份，這也算是一個創舉。在這裡，筆者願藉現代紫微第七集中一位蔡先生的投書來點明現代紫微的啟蒙作用：「觀念乃經由認知作用而來的意識，很多學命理的人都欠缺對命理正確的認知，而你正是提供這些訊息的導師。」這種說法，正是現代紫微之所以具有影響力的原因所在。

現代紫微每一集多少都有特色，例如：第二集探討紫微千古不傳的斗數祕儀到底在玩什麼把戲……等，其內容多少都似乎顯得雜亂不一，但是許多觀念正是在其中顯現出來，被發覺出來。在七集中，有許多觀念是值得一提的。一個是打破對祕笈的迷信。民國七十四年，紫微斗數秘儀的出現，造成一股極大的風潮，號稱無所不能的斗數秘儀，一套賣一萬五千元，然後發覺上當的人降價保本，自萬五到五千，而三千到一千五百，彷彿多年後臺灣股市崩盤的預演。了無居士以學理批評了這種心理，並且提出許多斗數的怪招，讓大家了解：原來斗數的把戲還真不少，真是千變萬化。

另外值得一提的是斗數現代化的努力方面。許興智教授發表了一系列的論述，如第三集中所刊：一個科技人員的祿命觀……等，為斗數的本質及時代性提出了強而有力的說法，他的文章提示了許多觀念及問題，有些以今日來看似乎已解決，有些則仍待後學者的努力，這些文章的內容盼學者能一讀再讀，以便謹記在心。另一個現代紫微的方向是使用邏輯來考驗命理，這部份主要集中在第四冊及其後，由於使用邏輯三段式辯論法，因而從中確認了斗數的能力及其限制，這為斗數的現代化踏出實際的一大步。因為在此之前，斗數論命者的觀念是：什麼事情都可以推測，不管和他人是否有關，只要一直用「借宮法」，什麼人或事，都可由命盤上算出來。但是現代紫微中否定了這種惡性膨脹法則，主張斗數在自己能決定的事物上才具有推測的可能性，否則與他人有關是無法推測——除非輸入關係人的條件。這是現代紫微的偉大成就，雖然只完成了前半。關於後半——條件的輸入，則待其師父紫雲先生來闡述了。

由於現代紫微的成功，許多著者亦開始勇於出書，如唐山逸士、慧耕術士、紫雲先生等。其中以慧耕及紫雲的影響較大，慧耕術士的著作是《紫微斗數開運全集》，可惜因為一些原因，並未完全出版，頗為可惜。他的書對於十二宮的觀念及應用，以及星曜性質，做了十分精細的闡述，是不錯著作。這是民國七十七年後的事。同時，紫雲先生也出了《斗術與人生》一書，自述學習斗數的歷程，以及十二宮位的特性及應用。在約同時，斗數的書籍仍繼續大量被出版，在書店中一字排開，頗為醒目。例如有專門整理別人著作後的整理報告——抄書者吧——筆名一大堆；闡述宮干化忌或化祿派的說法，也有號稱欽天監秘笈的書一大堆，但此部份雖多而不成氣候，尤其在紫雲大師的著作一再推陳出新，為自古而來斗數中許多空白部份加以補充之後。

基本上紫雲先生的斗數是以傳統斗數為正宗，以之為骨架，並參衡現實環境背景為輔佐，綜合古今，經緯中外。並注入人性心理生理廣為應用。上述是其師弟洪碩峰先生對其之評論，應是十分中肯的話。在民國七十八年前，紫雲為天相出版社出了《斗數與人生》與《斗數論名人》等書，此書已引起注意——以筆者之見，紫雲先生的威名早在現代紫微中藉由了無居士的生花之筆時就已享有。

民國七十九年，正當台灣股市由盛而衰，投機之風大減之時，紫雲先生完成了《斗數論求財》一書，此書一改前人的看法，提出：凡是投機或投資所得之財，需由福德宮來探求；亦即說：不由自己的體力智力等賺來的容易錢，並不看財帛宮。之後紫雲先生在民國八十年完成《斗數論婚姻》一書，此書以筆者的觀點來看，對於斗數的哲學、理論及實際推測技巧上均有空前的突破性進展；此書或可視為研究斗數現代化努力的一大里程碑。一、斗數的哲學。斗數的根據是來自人的出生時間，且設計上若是時辰誤差，則命運通常有不小的差異，那就是說：斗數設計的基本在於時間，出生的時辰為主，然後藉由人生十二個面相的分析來研判人生的趨勢，當欲探討人類命運時，如何輸入各種外在世界的條件，則為斗數現代化思考的終極關懷。

太歲入卦法提出了解答：輸入年次（陰曆的生肖）。基本上這個解釋符合了斗數哲學原則，時間定位原則，至於相契法，則涉及到斗數中「主體」與「客體」間之作用，亦即自己與他人間之作用。但出現一個小疑問：以太歲入卦法得到的命宮星曜特性，並不一定和他人實際上所排出命盤的命宮星曜相似，這是為什麼呢？例如：由你的命盤中看你的女友是機月同梁型的女孩，但是其出生時辰的命盤卻可能是紫、府、相等星曜。這涉及到主體——你和客體——她間的作用，更進一步的，斗數的星曜及宮位是以唯心論為原則；那也就是說，她出現在你的命盤，多半只係你對她的了解或是她在你面前的表現，而此類的表現及觀念看法和其本來的個性及性格並不一定相符。世人多的是一種情形：此人脾氣火爆，但對某些人卻特別客氣之類的事，盼學者仔細思考。

斗數體系都是以唯心論為本，各宮皆是對某件事物的心態，所以夫妻宮是感情的心態或是擇偶的想法，兄弟宮是對兄弟間感情的心態，子女宮是對繁殖後代的觀念，財帛宮是追求財富的心態……等。但反過來說，遷移宮是你對人際關係交往的心態，但同樣也可以當成別人對於你的看法；事業宮是工作的心態，但也是他人對你工作能力的看法，這是所謂主體與客體的作用。

太歲入卦法解決了條件輸入的問題，但其使用的規則及技巧，則較以往為複雜，除了輸入年次的四化星外，另加本人大限、流年、本命四化星，探討各宮位間相互之作用，這使得斗數在一張命盤上得以討論兩個人甚或三個人間的互動，這對於斗數的理論提昇有極大的幫助，還是主體——我與客體——他人間之互動，是你對我好或我對你好，還是你我互怨；在加上流年四化星或大限四化星的作用，互動的過程得以彰顯。

以往斗數對於客體的定位並不明確，通常是以「借宮」法為之，此法缺乏根據，又有同一命盤同一看法之慮，紫雲先生解除了這個限制。太歲入卦法可廣泛使用在人上面，至於事或物或已經存在的制度與人的作用，同樣亦可以加以鑑別：例如今年考研究所，一共考三家，考運好壞如何？先研判今年考運如何，再得知上述三家研究所各於何年創立，以四化星代入，若見化吉，則當考運較佳；若化忌，則當稍減其實力。同樣的事，有兩家公司，做同樣的業務，如何選擇較佳的工作場所，較大的空間發展？用四化星代入，同樣的原則……。也因此紫雲先生補足了多年來斗數的空白，同時也提昇了斗數的預測能力及合理性。

在巨大的波瀾後，紫雲先生完成《斗數論事業》，其中仍以其一貫的理念解釋千變萬化的事業宮，之後民國八十二年，另外一壯闊的波瀾又推出：紫雲先生再推出《斗數論田宅》，此書中除田宅宮好壞之探討外，更提出斗數在地形地物方面的應用法則，換言之，斗數也能看風水，而且更可貴的是只要加入方位的思考，其他技巧與斗數原則並無不同。這使得斗數的應用範圍再擴展至空間上，這誠然又是斗數上的一大突破，也補充了斗數哲學中對於空間中地形地物的缺失。

自天相出版社倒閉後，了無居士的紫微之路無法再版，之後他在古籍整理上盡了一番心力，他為斗數宣微及紫微斗數全集做了一番現代化的校注；接下來他又對於提出他自己的斗數系統費了更多的心力，此時了無居士已逐漸和其師父所傳有所差異，他提出許多看法，例如：祿存、天馬及乙級星的放棄，另外是提出：化權及化科星性的廢棄，四化星只餘下化祿及化忌，另外有一些「科學適用性」的原則等，這使得他在斗數體系上的改革，走得比別人更遠，但是以目前來看，他的手段及方法對於斗數的發展是否有助益則仍待未來者的判定。

宋代禪宗大師青原行思提出參禪的三重境界：

參禪之初，看山是山，看水是水；
禪有悟時，看山不是山，看水不是水；
禪中徹悟，看山還是山，看水還是水。

看山是山、看水是水，第一境。因迷，被物轉，有如不諳水性，落水即沈。

看山不是山、看水不是水，第二境。因悟，不被物轉，已諳水性，下水不沈。
看山還是山、看水還是水，第三境。因慈悲，轉物，此時不僅下水不沈，尚可救人。
勸學齋提出斗數三境界，是以祿忌比擬的：
第一境 見祿則喜 見忌則驚
第二境 祿忌交戰 祿隨忌走
第三境 坐忌擁祿 祿忌兩忘
說的是對斗數觀念的提升階梯，也是人生觀念的昇華步驟。

斗數封神演義的故事

有人把紫微斗數用古代封神榜來詮釋，這不能說他不對，可以說他想像力豐富，當它與紫微斗數結合在一起時，所感受到的層次又是大不相同，會發現處處充滿了驚奇與想像。在簡單的故事裡要把紫微斗數跟故事中的人物結合在一起，基本上要對周朝有些了解，《封神演義》，俗稱《封神榜》，又名《商周列國全傳》、《武王伐紂外史》、《封神傳》，是一部中國神魔小說。《封神演義》中有十餘處引用道教經典《黃庭經》，作者應是道教人士。

這故事描寫了周朝與殷商的對抗與闡教、截教諸仙鬥智鬥勇、破陣斬將封神的故事。包含了大量民間傳說和神話。有姜子牙和哪吒三太子等生動、鮮明的形象，最後以姜子牙封諸神和周武王封諸侯結尾。因此天命思想是《封神演義》一再強調的觀念，也就是說，周武王取代成湯之曆數，不僅合乎天命，也是早已注定的事實。以下我就來介紹封神榜裡的人物跟紫微斗數有甚麼關係，引用封神榜人物故事做為背景，這樣能夠增加命理的趣味和廣度。不過在封神榜故事裡只談到十位，就是哪吒、蘇妲己、楊戩、楊蓮花、雷震子、黃顏、李靖、柳琵琶、姜子牙、殷十娘。但有人是這樣連想的，對與不對就見人見智。

紫微星 中天星主，伯邑考，文王長子。
天機星 南斗三　，姜子牙，為文王軍師。助武王伐紂得天下。
太陽星 南北中天，比干，紂王亞相，在紂王面前剖心而死。
武曲星 北斗六　，周武王（姬發），文王之子。
天同星 南斗四　，周文王（姬昌）。
廉真星 北斗五　，費仲，紂王佞臣。
天府星 南斗一　，姜皇后，紂王之妻，遭妲己之妒而被殺。

太陰星 南北中天，賈夫人，黃飛虎將軍之妻，為求清白跳樓而死。
貪狼星 北斗一，妲己，紂王諸侯蘇護之女。
巨門星 北斗二，馬千金，姜子牙之妻，之後與姜子牙離婚。
天相星 南斗五，聞太師，商紂王之忠臣。
七殺星 南斗六，黃飛虎，其妻賈夫人因紂王而死，轉投武王伐紂。
破軍星 北斗七，紂王，商朝亡國之君。
文昌星 南北中天，龍吉公主。
文曲星 北斗四，鄧嬋玉。
擎羊星 北斗助星，楊戩。
陀羅星 北斗助星，哪吒。
火　星 南斗助星，殷郊，紂王之子。
鈴　星 南斗助星，殷洪，紂王之子。
天魁星 南斗助星，太乙真人（明助）。
天鉞星 南斗助星，太乙真人（暗助）。

◎紫微星：紫微星的代表人物是周文王的大兒子，伯邑。因為狐狸精得不到他的追求，便憤而慫恿紂王將他切成肉醬，做成包子讓周文王給吃下。雖然他在故事裡的戲份並不多，但是正如他身為周文王長子，是眾人注目的焦點一般，紫微星一直是紫微斗數裡很重要的一顆星。而其代表的意思有忠厚、俊美、具音樂戲胞、孝順、正直、受人重視等意思。

◎天機星：天機星的代表人物是七十二歲才得到周文王賞識，並進而輔佐周氏一族取得天下的軍師——姜子牙。姜尚早年並不得志，與馬千金結婚後日子更是難過到三餐不繼，直到離婚之後才漸漸得人賞識，最後助武王滅周後而被受封為諸侯。而其所代表的意思有聰明、足智多謀、觀察力高等意思。另外解釋是，性格：心思慎密、觀人於微、理智冷靜、目光遠大、果敢決斷、博學多識、有大智慧、富領導才能、善於卜卦相學，法術高明。

◎太陽星：太陽星的代表人物為比干。比干是紂王的忠臣之一，因為數度向紂王進諫卻又被狐狸精妲己誣陷，最後只好拿刀剖胸，以明其志。代表的意思有政治之星、光明磊落、不畏強權、忠誠、率直等意思。

◎武曲星：武曲星所代表的人物是周武王——姬發，為周文王的孩子之一，同時也是伯邑的弟弟。由於他的不屈不撓，知人善用，最後終於推翻強權，取得了和平、統一天下。其所代表的意思有勇敢、剛毅、收獲、繼承等意思。

◎天同星：天同星的代表人物是姬發與伯邑的父親——周文王。相傳他是個大善人，且精通占卜、相術等，是個很懂得人性的君主。在他所統治的地方是人民安樂、民生富足。所以其所代表的意思有理想、享受、不與人爭、妥協、溫和、福氣等意思。

◎廉貞星：廉貞星所代表的人物是紂王身邊的大臣——費仲。是個貪生怕死，只顧自己不管他人死活，專事逢迎的角色。其所代表的意思有姦淫、邪惡、囚禁、紛爭、扭曲、陷害、執著等意。

◎天府星：天府星所代表的人物是姜皇后，為紂王的原配，在紂王為被妲己迷惑之前，對商朝的貢獻很大，是當時協助紂王治理國家的主要人物。但最後仍是被妲己給害死。其所代表的意思有才華、管理、慈悲、守成、包容等意思。

◎太陰星：太陰星所代表的人物是賈夫人，賈夫人是紂王手下第一大將黃飛虎的妻子，是個絕色美女。因為被妲己設計，而遭到紂王的逼姦，最後為了清白而選擇跳下摘星樓墜樓而死。其所代表的意思有潔淨、溫柔、陰柔、斯文優雅、美麗等意思。

◎貪狼星：貪狼星所代表的人物為妲己，也就是故事中的九尾狐狸精。雖然在故事中好像壞事做盡，但是並不是每個貪狼座命的人就都是狐狸精。而其所代表的意思有多情浪漫、自我、異性緣、才藝、多變、取巧等意思。另外解釋是，性格：前期品性純真善良，活潑可人，天姿聰穎，知書識禮，深閨簡出，不食人間煙火。天生麗質，美艷動人，本足以傾國傾城，顛倒眾生，但對伯邑考一往情深，用情專一。入宮以後，性格巨變，變得心有鬱結，多疑猜忌，心狠手辣，酷愛權力，攻於心計，奉迎有道，事事能討紂王歡心，為鞏固在紂王心目中的地位，不擇手段，殘害忠良。

◎巨門星：巨門星所代表的人物為馬千金，是姜子牙為發達時所娶的妻子。個性潑辣，喜歡搬弄是非，好管閒事，愛出意見，吹毛求疵等……其所代表的意思有兩舌、懷疑、是非、記恨、反覆、干涉、鑽牛角尖等意思。另外解釋是，樂天率直、熱情、有小聰明、善解人意、堅毅不屈、富幽默感、耳仔軟、好抱打不平、八卦、為達目的不惜講美麗的謊言。

◎天相星：天相星的代表人物為聞仲太師，是紂王的忠臣之一，為了保住商朝江山而不斷的與周武王等人對抗，最後的結果是戰死沙場。其所代表的意思有正義感、同情心、頑固、不妥協等意思。

◎天梁星：天梁星所代表的人物是托塔天王——李靖。也就是民間信仰中三太子的父親。在故事中他與三太子紛爭的戲份多過於殺敵的戲份。可想而知，其所代表的意思有規律、清白、名氣、保守、老成、愛面子、固執等意思。

◎七殺星：七殺星所代表的人物是原紂王的大將黃飛虎，他因其愛妻慘死憤而加入周武王的討伐行列，雖然也是戰死沙場。但卻是封神演義中，神怪之外最強的人。其所代表的意思有勇猛、剛強、反叛、衝動等意思。

◎破軍星：破軍星所代表的人物就是紂王本人。由於紂王在未遇到妲己之前是很傑出的君主，但寵幸妲己後則是一敗塗地。因此其所代表的意思便有破敗、變異、冒進、改變、消耗等意思。

Chapter 5

子平八字概述

四柱八字由來

子平八字是根據人的出生時間推算命運，原理來自我國古老的易經文化。我們說子平八字命理學或稱八字推命術，是以一個人出生的年、月、日時，化為天干地支（六十甲子），來推演出他的妻、財、子、祿，吉、凶、禍、福、壽、夭、窮、通。在我國古代文化中屬於

「術數」的一種。據考證，八字推命術可能萌芽於東漢。而其集大成者應推唐代李虛中，唐代大文學家韓愈最他作過墓誌銘。其中亦提及李虛中精於八字命理推演一百不失其一二，可見其推命方法博大精準，儼然已成系統，因此，後世尊他為八字命理學的開山祖師。

到了五代宋初的徐子平，他將八字命理學的基本架構去府存菁，形成了「專主五行，不主納音」的命理學理論體系，以陰陽五行〈正五行〉為基本的推演方法。換言之，八字源自古代的中國，是一種利用天干和地支來準確記錄年、月、日、時的方式，由「年干，年支」、「月干，月支」、「日干，日支」、「時干，時支」，共八個干支所組成（共八個字），年、月、日、時的干支組合稱為「柱」，形成「年柱」、「月柱」、「日柱」、「時柱」，故八字又稱為「四柱」或「四柱八字」。

徐子平將過去以年柱為主之論命方式，改由以日柱（出生日之干干）為主，並以四柱內五行之生旺死囚、生剋制化、刑沖會合等等變化來論命運，至此，四柱八字之學術，建立了完整之體系。後人為了紀念徐子平，遂將四柱八字學稱之為子平八字。由於徐子平在八字命理學的傑出貢獻，後人於是將八字推命術稱為「子平術」或「子平命學」。申言之，八字命理，始於唐朝李虛中，以年柱為主，配合胎月日時四柱干支，用納音五行，看其生剋制化，論斷吉凶禍福。因為不確實，十有九誤，所以到了五代時期，出現了一位偉大的命理學家徐子平，改以日柱為主，依年月日時四柱干支五行變化，定格局、取用神。至此八字命學大致底定，因此後人尊八字命學為「子平命學」。

自徐子平變法後，名家百出，著作如林，如徐大升之《淵海子平》、萬育吾之《三命通會》、張楠之《神峰通考命理正宗》等，但最有名、影響最深的當屬明朝國師劉伯溫所注的《滴天髓》，以及作者不詳的《欄江網》，又名《窮通寶鑑》。《滴天髓》因原意過於深奧難懂而少人理會，反而《欄江網》雖然謬誤連連，亂用五行，卻大行其道，蓋因《欄江網》是江湖術法容易學習之故也。清代名士任鐵樵所注之《滴天髓徵義》及民初賢哲徐樂吾補注之《滴天髓札記》，說穿了就是用《欄江網》的術法去解釋《滴天髓》，也就是說是披著《滴天髓》外衣的《欄江網》，而《滴天髓》的原貌卻早已蕩然無存，惟目前國內命理學界，卻奉任徐二氏所注解的《滴天髓》為圭臬，以日干所生的月令，視其衰旺強弱、寒暖濕燥，取扶抑、病藥、通關、調候為用神，亂定格局，錯用五行，不辨真假，不明喜忌，導致批命常有不驗，子平因而淪為江湖術士餬口的工具。

換言之，唐時李虛中以星學傳世，取年月日時之天干地支排四柱，以日主論人禍福，無不奇中，此八字得名之由來。而後東齋居易徐子平者，得虛中之術而損益之，專主陰陽五行為基礎，鑽研人事的富貴貧賤壽夭，以及行運之順逆得失，其論斷具極高之準確性。此後

51	41	31	21	11	1
己酉	己亥	己丑	己卯	己巳	己未
土	木	火	土	木	火
52	42	32	22	12	2
庚戌	庚子	庚寅	庚辰	庚午	庚申
金	土	木	金	土	木
53	43	33	23	13	3
辛亥	辛丑	辛卯	辛巳	辛未	辛酉
金	土	木	金	土	木
54	44	34	24	14	4
壬子	壬寅	壬辰	壬午	壬申	壬戌
木	金	水	木	金	水
55	45	35	25	15	5
癸丑	癸卯	癸巳	癸未	癸酉	癸亥
木	金	水	木	金	水
56	46	36	26	16	6
甲寅	甲辰	甲午	甲申	甲戌	甲子
水	火	金	水	火	金
57	47	37	27	17	7
乙卯	乙巳	乙未	乙酉	乙亥	乙丑
水	火	金	水	火	金
58	48	38	28	18	8
丙辰	丙午	丙申	丙戌	丙子	丙寅
土	水	火	土	水	火
59	49	39	29	19	9
丁巳	丁未	丁酉	丁亥	丁丑	丁卯
土	水	火	土	水	火
60	50	40	30	20	10
戊午	戊申	戊戌	戊子	戊寅	戊辰
火	土	木	火	土	木

先天體檢	
2	甲膽
2	乙肝
1	丙小腸
2	丁心
1	戊胃
4	己脾
1	庚大腸
0	辛肺
1	壬膀胱
0	癸腎

日空	年空	命格	命宮
辰巳	子丑	偏印	丙子
壬 偏印	人元用事	胎息 己未	胎元 丙寅

日主旺度	
+3658	
-4920	
用神 土	相 木
喜神 火	死 火
閒神 木	囚 土
仇神 金	休 金
忌神 水	旺 水

正財	命主	劫財	正財	主星
己巳	甲午	乙亥	己未	八字
庚戊丙	己丁	甲壬	乙丁己	藏
七殺 偏財 食神	正財 傷官	比肩 偏印	劫財 傷官 正財	副星
病	死	生長	墓	運
文昌·亡神·月德合·	紅艷·月德·進神·	學堂·劫煞·天德· 月血刃·	天乙貴人·月德合·	地支神煞
木林大	金石砂	火頭山	火上天	納

屬羊		陰女
西元1979年		
國曆	農曆	姓名
?		:
68年	68年	
11月	10月	
23日	4日	
10時	巳時	星期
0分	瑞生	五
列表日期		
2012/8/9		

76	66	56	46	36	26	16	6	歲
正印	偏印	正官	七殺	正財	偏財	傷官	食神	主星
癸未	壬午	辛巳	庚辰	己卯	戊寅	丁丑	丙子	大運
乙丁己	己丁	庚戊丙	癸乙戊	乙	戊丙甲	辛癸己	癸	藏
劫財 傷官 正財	正財 傷官	七殺 偏財 食神	正印 劫財 偏財	劫財	偏財 食神 比肩	正官 正印 正財	正印	副星

奩粧	娌妯	母父	女男	婢奴	星夫	厄疾	門闔	祿衣	分福	容相	主命	宮
亥	戌	酉	申	未	午	巳	辰	卯	寅	丑	子	年
生長	養	胎	絕	墓	死	病	衰	旺帝	官臨	帶冠	浴沐	運
學堂·劫煞·	華蓋·	飛刃·流霞·	驛馬·隔角·	天乙貴人·	紅艷·將星·	文昌·亡神·	金輿·	羊刃·日桃花·	祿神·	天乙貴人·	學士·	地支神煞
三台 官符	勾絞 太陰	地喪 喪門	天空 太陽	劍鋒 太歲	陌越 病符	八座 天狗	卷舌 福德	天雄 白虎	天厄 龍德	大耗 歲破	小耗 死符	太歲
申	酉	戌	亥	子	丑	寅	卯	辰	巳	午	未	命宮

出生後4年10個月又16天交大運

每逢甲或己年寒露後1天交大運

備註

絕命	五鬼	六煞	禍害	伏位	延年	天醫	生氣	命卦	陽宅
|	|	|	|	|	|	|	|	東四命	☳ 震
正西	西北	東北	西南	正東	東南	正北	正南		

《窮通寶鑑》，此書是明代的余春台將江湖舊籍逐以「子平八字」稱之。至千餘年未改。而《窮通寶鑑》，此書是明代的余春台將江湖舊籍《攔江網》加以整理、歸納而成。該書以陰陽五行為經、月令為緯，輔以寒暖調候，以官為首、以財為次。《窮通寶鑑》在命理學界擁有相當高的地位，被稱為「子平典範」。其原因不外乎：八字共有約五十二萬種變化，而學八字的人會想找到一種簡潔可以概括所有的命例的方法。《窮通寶鑑》就提供了這樣一種方便的形式，透過「某日干生於某月，有透干或藏支某某五行，即可初步論斷富貴或貧賤」。

中國古代智者，觀察宇宙萬物的變遷，以及興衰過程，發現有一定規則存在，並可依易理統計分析，歸納出一定的軌跡，命理學就是如此。例如，論命要使用太陽曆（真正太陽時），乃依月令節氣推算，不使用新舊月，所謂太陽曆是以太陽在黃道上移動位置來定節氣，一年乃有二十四節氣，將月節作出生月，非常準確。如每年新曆二月四日立春，五月四日立夏，八月八日立秋，十一月八日立冬：共二十四節氣，其日期不變，若有有一日之差，那是時差所引起的。所以子平八字命理學絕非玄學，它是一種統計及經驗法則。就好比如果八字漏財，一生中一定會因為朋友的緣故，產生重大虧損，嚴重的話甚至發生破產的災難。我看過不少個案，就是八字破財，沒想到一生賺來的大筆財富在一瞬之間就被朋友牽連，散盡家產！非常可憐。

例如：八字的「日元」見「劫財」出天干，且劫財通根地支，甚至天干還出現第二個劫財或比肩，就注定是個「一生漏財無數」的命運。曾有人問我：「那怎麼辦呢？有沒有辦法解？」我的答案是：「絕不跟朋友金錢往來，絕不跟朋友合夥事業，絕不因為朋友的話而投資，而且如果創業，一定要很保守。」這樣就能破解了。所以如何以正確的命理觀念，來幫助瞭解自己進而改造自己、創造命運，達到運用這個命理學「工具」的最高目的，「命運是掌握在自己的手中」！

四柱基本排法

排年柱

年柱，即人出生的年份用干支來表示，注意上一年和下一年的分界線是以立春這一天的交節時刻劃分的，而不是以正月初一劃分。參考查祖脈之盛衰看命造之根氣，觀幼年之禍福推父母之蔭庇。年柱為根，猶如花草樹木這根。代表父母宮，又代表祖父母宮。代表一個人幼年的禍福及父母的興衰。代表命造一至十六歲少年運。在身體為頭面。

排月柱

月柱，即用干支表示人出生之年月所處的節令，注意月干支不是以農歷每月初一為分界線，而是以節令為准，交節前為上個月的節令，交節後為下個月的節令。

參考查提綱之向背看手足之廢興，究財官之得失推事業之順逆。月柱為苗，猶如花草樹木之苗。代表兄弟宮，同時又代表父母宮，不代表夫妻宮。代表一個人早年的事業及手足的助益。代表命造十七至三十二歲青年運。在身體為胸背。

排日柱

從魯隱公三年（公元前七二二年）二月己巳日至今，我國干支記日從未間斷，這是人類社會迄今所知的唯一最長的記日法。日柱，即用農曆的干支代表人出生的那一天，干支記日每六十天一循環，由于大小月及平閏年不同的緣故，日干支需查找萬年曆。另外，日與日的分界線是以子時來劃分的，即十一點前是上一日的亥時，過了十一點就是次日的子時，而不要認為午夜十二點是一天的分界點，這就是紫微斗數時間裡的子時，有分夜子、早子時，各派說法不一。

參考查得氣之淺深定己身之貴賤，看日支之向背推配偶之賢愚。日柱為花，猶如花草樹木之花。日干為己身，日支為配偶。代表一個人中年的得失及婚姻的順逆。代表命造三十三至四十八歲中年運。在身體為腰腹。

排時柱

時柱，用干支表示人出生的時辰，一個時辰在農曆記時中跨兩個小時，故一天共十二個時辰，這與紫微斗數的時間相同。參考看生時之美惡斷晚年之榮辱，辯歸宿之朝向推子女之盈虛。時柱為果，猶如花草樹木之果。代表子女宮。代表一個人晚年的榮辱及子女的賢愚。代表命造四十八至六十歲的晚年景況。在身體為腿腳。

◎子時　23點至　凌晨1點　◎丑時：1點至　凌晨3點

◎寅時　3點至　凌晨5點　◎卯時：5點至　凌晨7點

◎辰時　7點至　上午9點　◎巳時：9點至　上午11點

◎午時　11點至　上午13點　◎未時：13點至　上午15點

◎申時　15點至　上午17點　◎酉時：17點至　上午19點

◎戌時　19點至　晚上21點

◎亥時：21點至　晚上23點

☆日上起時表：

⊙時／日甲己乙庚丙辛丁壬戊癸

◎子 甲子 丙子 戊子 庚子 壬子
◎丑 乙丑 丁丑 己丑 辛丑 癸丑
◎寅 丙寅 戊寅 庚寅 壬寅 甲寅
◎卯 丁卯 己卯 辛卯 癸卯 乙卯
◎辰 戊辰 庚辰 壬辰 甲辰 丙辰
◎巳 己巳 辛巳 癸巳 乙巳 丁巳
◎午 庚午 壬午 甲午 丙午 戊午
◎未 辛未 癸未 乙未 丁未 己未
◎申 壬申 甲申 丙申 戊申 庚申

◎酉 癸酉 乙酉 丁酉 己酉 辛酉

◎戌 甲戌 丙戌 戊戌 庚戌 壬戌

◎亥 乙亥 丁亥 己亥 辛亥 癸亥

六十甲子納音

簡單來說，六十甲子是古人用來記錄年月日時順序之工具，甲子，乙丑，丙寅……以十天干為上配合十二地支為下，由甲子開始到癸亥，共計六十個稱之為六十納音，從五千年前黃帝開始就一個接著一個，不論朝代日期符號的變化，六十甲子納音順序都不變，而六十甲子納音可作為個人命理的基本解釋說明。申言之，納音者，先天之理也。（河圖）中宮五十，為（洛書）地符之所由衍，（洛書）逆轉，先天逆應之，翕聚五行，為（河圖）後天順旋之本，大衍之數，（河、洛）中宮之所衍也。五行干支順布六十，為（洛書）後天流行之機，以其數納于大衍數中，以中十之餘取其子數，應先天五行之序，以見流行之必本于翕聚；故納音者，（歸藏）之理也。

這與紫微斗數的五行局參考公式大同小異，紫微斗數是由命宮所在在位置找出五行局，再按六十花甲納音定之，例如，命宮干支是庚辰，即為金四局，若以生辰年是壬辰年天干（壬水）地支（辰土）則屬龍——六十甲子納音：長流水，二零一二年，這隻龍，聽說帶財，六十年一次，機會難得的龍寶寶。我們可以從下表得知，壬辰長流水，故命理師都稱之水龍帶財，因為長流水。再者，在姓名學的學派中，天運派是利用六十甲子所產生的納音五行生剋制化關係，來推斷姓名吉凶。故此種推論方法又稱為納音姓名學或納音五行姓名學。

遠在幾千年前，老祖宗們就知道觀星造曆，運用自然現象設定十天干（甲、乙、丙、丁、戊、己、庚、辛、壬、癸）和十二地支（子、丑、寅、卯、辰、巳、午、未、申、酉、戌、亥）。再以天干和地支的對應關係，陽對陽、陰對陰互相結合循環相配，組合成甲子、乙丑、丙寅等六十種組合，這六十種組合為甲子一周，稱為「六十甲子」。六十之後，重新開始，周而復始、循環運用，依自然法則設定的干支組合中，從而產生了甲子、乙丑為「海中金」，丙寅、丁卯為「爐中火」等納音五行對應關係。

六十納音五行歌

甲子乙丑 海中金，丙寅丁卯 爐中火，戊辰己巳 大林木，庚午辛未 路旁土，

壬申癸酉 劍鋒金，甲戌乙亥 山頭火，丙子丁丑 澗下水，戊寅己卯 城頭土，

庚辰辛巳 白臘金，壬午癸未 楊柳木，甲申乙酉 泉中水，丙戌丁亥 屋上土，

戊子己丑 霹靂火，庚寅辛卯 松柏木，壬辰癸巳 長流水，甲午乙未 沙中金，
丙申丁酉 山下火，戊戌己亥 平地木，庚子辛丑 壁上土，壬寅癸卯 金箔金，
甲辰乙巳 覆燈火，丙午丁未 天河水，戊申己酉 大驛土，庚戌辛亥 釵釧金，
壬子癸丑 桑拓木，甲寅乙卯 大溪水，丙辰丁巳 沙中土，戊午己未 天上火，
庚申辛酉 石榴木，壬戌癸亥 大海水。

◇甲子從革之金，其氣散，得戊申土，癸巳水相之，則吉。戊申乃金臨官之地，土者更旺於子，必能生成；癸巳係金生於巳，水旺於子，納音各有所歸，又為朝元祿，忌丁卯，丁酉，戊午之火，閻東叟云：甲子金為進神，稟沉潛虛中之德，四時皆吉，入貴格，承旺氣，則術業精微，主奪魁之榮。

◇乙丑自庫之金，火不能剋，蓋退藏之金，苟無刑害沖破，未有不顯榮者，獨忌己丑，己未之火，閻東叟云：乙丑，為正印，具大福德，秋冬富貴壽考，春夏吉中有凶，入格，則建功享福，帶煞，類為凶會，玉宵寶鑑云：甲子，乙丑，未成器金，見火則成，多見則吉。

◇丙寅赫曦之火，無水制之，則有燔灼炎烈之患，水不可過，獨愛甲寅之水，就位濟之，又名朝元祿，五行要論云：丙寅火，含靈明沖粹之氣，四時生生之德，入貴格，則文彩發應，主魁甲之貴。

◇丁卯伏明之火，氣弱宜木生之，遇水則凶，乙卯，乙酉水最毒，五行要論云：丁卯，沐浴之火，含雷動風作之氣，水濟則達，土載之則基厚，以木資之則為文彩，以金擣之，更逢夏令，則凶暴，鬼谷遺文云：丙寅，丁卯，秋冬宜保持，註云：火無西旺，火至秋冬，勢恐不久。

◇戊辰兩土下木，眾金不能剋，蓋土生金，有子母之道，得水生之，為佳，五行要論云：戊辰，庚寅，癸丑三辰，挺木德清健之數，生於春夏，能特立獨奮，隨變成功，更乘旺氣，則有凌宵聳壑之志，惟忌秋生，雖懷志節，屈而不伸。

◇己巳近火之木，金自此生，於我無傷，忌見生旺之火，閻東叟云：己巳在巽，為風動之木，根危枝拔，和之以金土，運歸東南，方成材用，外陽內陰，別無輔助，則其氣虛散，更為金鬼所剋，乃不材之木也，珞琭子云：己巳，戊辰，度乾宮而脫厄，註云：己巳，戊辰，舉木之類，西方金鬼旺鄉，納音之木，至此絕矣，斯謂厄會，若度乾亥之宮，木得水以長生，故脫厄。

◇庚午始生之木，木不能剋，惟忌水多，反傷其氣，木多卻有歸，蓋木歸未也，閻東叟云：庚午，辛未，戊申，己巳，皆厚德之土，含容鎮靜，和氣融洽，福祿優裕，入格，則多歷方岳之任，有普惠博愛之功。

◇辛未始生之木，木不能剋，惟忌水多，反傷其氣，木多卻有歸，蓋木歸未也，閻東叟云：庚午，辛未，戊申，己巳，皆厚德之土，含容鎮靜，和氣融洽，福祿優裕，入格，則多歷方岳之任，有普惠博愛之功。

◇壬申臨官之金，利見水土，若丙申，丙寅，戊午之火，則為災害，閻東叟云：壬申金，持天將之威，資臨官之氣，秋冬掌生殺之權，春夏吉少凶多，入格，以功名自奮，帶煞，以刻剝為能。

◇癸酉堅成之金，火死於酉，見火何傷，惟忌丁酉火，就位剋之，閻東叟云：癸酉，自旺之金，稟純粹之氣，春夏為性英明，秋冬尤貴，入格，則功業勳炳，挺特出倫，帶煞，則少年剛勁，四十之後漸成純德，玉霄寶鑑云：壬申，癸酉，金旺之位，不可復旺，旺則傷物，不可見火，見火則自傷。

◇甲戌自庫之火，不嫌眾水，只忌壬戌，所謂墓中受剋，其患難逃，五行要論云：甲戌火，為印，為庫，含至陽藏密之氣，貴格逢之，富貴光大，惟忌夏生，防吉中有凶。

◇乙亥伏明之火，其氣湮鬱而不發藉，己亥，辛卯，己巳，壬午，癸未木生之，則精神旺相，癸亥，丙午水，有之則不吉，閻東叟云：乙亥火自絕，含明敏自靜之氣，葆光晦跡，寂然無形，稟之得數者，為玄道高人，吉德君子。

◇丙子流行之水，不忌眾土，惟嫌庚子，乃旺中逢鬼，五行要論云：丙子，自旺之水，陽上陰下，精神俱全，稟之者，天資曠達，識量淵深，春夏為濟物之氣，多建利澤之功。

◇丁丑福聚之水，最愛金生，忌辛未，丙辰，丙戌相刑破也，五行要論云：丁丑，乙酉在數為渙弱之水，陰盛陽弱，稟之者，器識清明，多慧少福，資以水木旺氣，則陰陽均協，為貴達崇顯之士。

◇戊寅受傷之土，最為無力，要旺火生，以資其氣，忌己亥，庚寅，辛卯，諸色木剋，主短折之凶，五行要論云：戊寅，丙戌，此二位乘土德之厚，一含生火，一含宿火，是謂陽靈襲中，福慶之辰，貴格得之，道德蓋世，貴極人臣，惟親王貴公子，多於此日生，常格得之，亦主福壽遐齡，始終安逸。

◇己卯自死之土，抑又甚焉，貴得丁卯，甲戌，乙亥，己未之火，由合而來，以致其福，五行要論云：己卯，自死土，建於震位，風行雷動，散為和氣，德自沖虛，稟之者，類有道行，隨變而適，有養生自在之福壽，惟不利死絕，則為久假不歸之徒。

◇庚辰氣聚之金，不用火制，其器自成，火盛反傷其器，病絕火無害，若甲辰，乙巳火，惡不可言，亦不能剋眾木，蓋我氣亦聚耳，閻東叟云：庚辰之金，具剛健沉厚之德，稟聰明疏通之性，春夏禍福倚伏，秋冬秀穎宏實，入格，則兼資文武，帶煞，則好弄兵權。

◇辛巳自生之金，精神具足，體氣完備，炎烈熾化而不亡，忌丙寅，乙巳，戊午之火，蓋金生於巳而不能生，敗於午，絕於寅，而氣散，復見生旺之火，烏可當之，五行要論云：辛巳金，為自生學堂，具英明瑰奇之德，秋冬得力十全，春夏七凶三吉，入貴格，則主學行英偉，常懷濟物之心，玉宵寶鑑云：庚辰，辛巳，未成器金，宜見火，兼辛巳自生，巳為火，得之者，光輝日新。

◇壬午柔和之木，枝幹微弱，木能生火，卻忌見火多，多則燼矣，雖生旺之金，亦不能傷，蓋金就我敗，得金反貴，水土盛者亦貴，惟忌甲午金傷之，五行要論云：壬午自死之木，木死絕則魂遊，而神氣靈秀，稟之者，挺靜明之德，抱仁者之勇，建立功行，可謂靜而有勇，延年益壽。

◇癸未自庫之木，生旺則佳，雖乙丑金不能沖破，各歸其根，而不相犯，忌庚戌，乙未金，五行要論云：癸未木為正印，挺文明吉會之德，稟之者，類抱問世之才，享清華之福，玉宵寶鑑云：壬午，癸未，謂之楊柳木者，蓋木至午而死，至未而墓，故盛夏葉稠，得其時則富壽，非其時則貧夭。

◇甲申自生之水，其氣流行，宜有所歸，亦藉金生，不忌眾土，特嫌戊申，庚子之土，五行要論云：甲申水自生，含天真學堂，得之入局，主智識聰慧，妙用無窮。

◇乙酉自敗之水，假眾金以相之，蓋我氣既弱，藉母以育，忌己酉，己卯，戊申，庚子，辛丑之土，則夭折窮賤。

◇丙戌福壯祿厚之土，木不能剋，忌見生旺之金，若遇火盛，則貴不可言。

◇丁亥臨官之土，木不能剋，嫌金多，須得火生救之，乃吉，忌己亥，辛卯之木，五行要論云：丁亥，庚子二土之中，含金數，內剛外和，之者，得有定力，土下濟之以水火旺氣，能建功立事，敢為威果之行。

◇戊子水中之火，又曰神龍之火，遇水方貴，為六氣之君火也，五行要論云：戊子，含精神輝光，全實之氣，作四時保生之福，入貴格，則為大人君子，器宇含弘，富貴終吉。

◇己丑為天將之火，又為天乙本家，含威福光厚之氣，發越峻猛，貴局乘之，為將德，為魁名，而建功，燭神經云：丑，胎養之火，其氣漸隆，若遇丙寅，戊午之火助之，可成濟物之功。

◇庚寅歲寒之木，雪霜無以改其操，況金能剋之乎，上有庚辛，不假制治，自然成材。

◇辛卯歲寒之木，雪霜無以改其操，況金能剋之乎，上有庚辛，不假制治，自然成材。閻東叟云：辛卯木，自旺春夏，則氣節挺拔，建功立事，生於秋，則狂狷折剉，勁氣不伸。

◇壬辰自庫之水，若池沼水積之地，忌金來決破，若再見壬辰，是謂自刑，別辰無咎，遇多水土皆喜，惟畏壬戌，癸亥，丙子之水生旺太過，汙漫無歸，五行要論云：壬辰水，為正印，含清明潤沃之德，稟之者，含容弘大，心識如鏡，春夏得之，作大福慧，秋冬得之，類姦詐薄德。

◇癸巳自絕之水，名曰涸流，若丙戌，丁亥，庚子，壯厚之土，其涸可待，若得三合生旺之金生之，則源泉滾滾，盈科而進也，五行要論云：癸巳，乙卯，自絕自死之水，乃至陰退藏，真精攝養，凝成貴氣，貴局成之，類是妙道君子，夙體常德，有功及物。

◇甲午自敗之金，亦曰強悍之金，遇火生旺，其器乃成，忌丁卯，丁酉，戊子之火，凶，五行要論云：甲午金，為進神，魁氣，具剛明之德，秋冬則吉，春夏或凶，入貴格，主科場建統眾之功，非時帶煞，則暴戾剋忍，寡恩少義，燭神經云：甲午金傷強悍，或抑之，乃潛沉，註云：沙石金，剛礦喜殺，抑之者，火革之也，李虛中云：甲午金傷強悍，壬子木失之柔，或壬子得甲午，或甲午得壬子，陰陽專位，卻有炳靈。

◇乙未偏庫之金，亦火制而土生之，則福壯氣聚，忌己未，丙申，丁酉之火，五行要論云：乙未金在數為木庫，又為天將，具純仁厚義之德，無往不吉，貴格得之，是不世之英傑，魁鎮士倫，常格得之，帶煞沖犯，亦作小人中之君子，眉壽人也。

◇丙申自病之火，其氣即微，假木相助，其氣方生，忌甲申，乙酉，甲寅，乙卯之水，閻東叟云：丙申病火，以木為文明之德，以水為曠達之性，以土為福慧之基，惟金為暴虐，縱有吉辰，革為不和之氣。

◇丁酉自死之火，其氣即微，假木相助，其氣方生，忌甲申，乙酉，甲寅，乙卯之水，五行要論云：丁酉火自死，含韜晦寂靜之氣，外和內剛，貴格乘之，類為有道君子，自然之德行。

◇戊戌土中之木，忌重見土，若納音土多，一生屯蹇，金不能剋，蓋金氣至戌而散，遇金乃能致福，利見多水木盛，而為貴格，閻東叟云：戊戌之木，孤根獨立，和之以水火旺氣，則有英明秀實之德，入格則文章進達，福祿始終，然乘天將之氣，主備歷艱險，節操不移，方見晚福。

◇己亥自生之木，根本繁盛，不忌眾金，惟嫌辛亥，辛巳，癸酉之金，若見乙卯，丁未水，癸未木，未有不大貴，五行要論云：己亥木自生，挺英才秀拔之德，得之於特達處，類皆清貴少達，閻東叟云：己亥之木，得時則清貴，非時則辛苦。

◇庚子厚德之土，能剋眾水，不忌他木，蓋木至子無氣，若遇壬申之金，謂之明位祿，其貴必矣。

◇辛丑福聚之土，眾木不能剋，蓋丑為金庫，丑中有金，見木何傷，玉宵寶鑑云：庚子，辛丑土，愛木而惡水，見木為官，見水不相宜，閻東叟云：辛丑，己酉之土，中含金數，厚德性剛，和而不同，上下濟以水火旺氣，則威名功烈，見為果敢。

◇壬寅自絕之金，若見眾火則喪氣，惟水土朝之則吉，五行要論云：壬寅，癸卯為虛薄之金，具仁柔義剛之德，秋冬剛健無凶，凶為吉兆，春夏則內凶外吉，吉乃先凶，入貴格則志節英明，帶煞則凶暴不能終也。

◇癸卯自胎之金，若逢丙寅，丁卯爐中之火，不為鬼，以胎金，爐中成器故也，五行要論云：壬寅，癸卯為虛薄之金，具仁柔義剛之德，秋冬剛健無凶，凶為吉兆，春夏則內凶外吉，吉乃先凶，入貴格則志節英明，帶煞則凶暴不能終也。

◇甲辰偏庫之火，多火助之吉，所謂同氣之求，以資其不足，若見戊辰，戊戌木生之為貴格，忌壬辰，壬戌，丙午，丁未水最毒，五行要論云：甲辰為天將之火，含敏速峻烈之氣，入貴格則為特達，為文魁，利秋冬，不利春夏。

◇乙巳臨官之火，水不能剋，蓋水絕於巳，得水濟之，則為純粹，若得二三火助之，亦佳，五行要論云：乙巳火，含純陽巽發之氣，光輝充實，春冬向吉，夏秋向凶。

◇丙午銀漢之水，土不能剋，天上之水，地金不能生也，生旺太過，反傷於萬物，死絕太多，又不能生萬物，五行要論云：丙午至崇之水體南方溫厚之氣稟之者類有道氣虛變穎異有為魁眾出倫。

◇丁未銀漢之水，土不能剋，天上之水，地金不能生也，生旺太過，反傷於萬物，死絕太多，又不能生萬物，五行要論云：丁未具足三才全數，得謙和之氣，稟之者，主精神氣全，性根高妙，盡變之道。

◇戊申重阜之土，木絕於申不能剋，若見金水多助，則富貴尊榮之格也。

◇己酉自敗之土，其氣不足，藉火以相助之，見丁卯，丁酉火則吉，切忌死絕，畏辛卯辛酉木，災蹇夭折。

◇庚戌堅成之金，不可見火，恐有所傷，若得水土相之為貴，閻東叟云：庚戌火，墓之金，有剛烈自恃之暴，秋冬庶幾沉厚，春夏動生悔吝，君子執兵刑之權，小人恣獷悍之性。

◇辛亥堅成之金，不可見火，恐有所傷，若得水土相之為貴，閻東叟云：辛亥金，稟乾健純明中正之氣，春秋冬三時吉，夏七吉三凶，貴格乘之，體仁守義，若帶刑煞，肆暴貪功。

◇壬子專位之木，遇死絕則富貴，生旺則貧賤，木多夭折，金多土盛為佳，五行要論云：壬子幽陰之木，陽弱陰盛，柔而無立，類仁，水德用事，惟對以丙午水，則為水木沖粹之德，類入神仙異士，標格非常流也，燭神經云：壬子之木，失之優柔，其或揚之，仁而高明，註云：壬子木，在水旺之鄉，假子中得微陽之氣而生，柔脆易折，則自敗木也，揚之者，欲得火土之氣，益之使敷榮，則仁勇而高明。

◇癸丑偏枯之木，遇死絕則富貴，生旺則貧賤，木多夭折，金多土盛為佳。

◇甲寅自病之水，雖病，土不能剋，蓋支干二木可以制土，若見壬寅，癸卯之金，則為優裕，五行要論云：甲寅，壬戌二水，為伏逆，陰勝於陽，主姦邪害物，惟濟之以火土損益，方成大器。

◇乙卯自死之水，雖死，土不能剋，蓋支干二木可以制土，若見壬寅，癸卯之金，則為優裕。

◇丙辰自庫之土，厚且壯，喜甲辰火，惡戊辰木，此土凡木不能傷，蓋丙火也，辰為火偏庫，土已成器，惟嫌戊戌，己亥，辛卯，戊辰之木，五行要論云：丙辰土，為正印，建五福吉會之德，稟之者，類皆享大有為，不貴即富，惟犯沖者，多為僧道。

◇丁巳自絕之土，又不為絕，蓋一土居二火之下，在父母之鄉，乘天屬之恩，故不為絕，木不能剋，火多益佳，玉霄寶鑑云：丁巳，含東南火德旺數，得之者，含容福壽。

◇戊午自旺之火，居離明之方，旺相之地，其氣極盛，他水無傷，忌丙午，丁未天上之水，閻東叟云：戊午，自旺火，含離明炎上之氣，無情治物，動違於眾，秋冬得之，濟以水土旺氣，則豁達高明，福力堅壯，春夏乘之以金木，雖騰光迅速，命非久長。

◇己未偏庫之火，五行要論云：己未衰火，含餘藏寶之氣，春夏之月，運入沉潛之鄉，則明達峻敏，福慶深遠，夏得之，非和氣也，秋得之則先吉後凶。

◇庚申自絕之木，金居木上，因金以成器，忌再見金，致毀其器，若見甲申，乙酉水，則入格，玉霄寶鑑云：庚申，自絕木，為魂遊神變，此日生者，類非凡器，常格主賦性穎異，家族不羈，入貴格，則是英傑之才，立不世之功。

◇辛酉氣絕之木，欲生旺以為榮，玉霄寶鑑云：辛酉失位之木，木困金鄉，乘之者，涉世多艱，惟對癸卯金，則剛柔並濟，挺拔出群，決取巍科。

◇壬戌偏庫之水，玉霄寶鑑云：壬戌氣伏而不順，惟以火土損益之，乃成大器。

◇癸亥臨官之水，支干，納音皆水，忌見眾水，雖壬辰水庫亦不能當，不忌他土，死絕則吉，生旺則氾濫而無所歸，玉霄寶鑑云：癸亥，具純陽之數，內體至仁，稟之者，天資夷曠，志氣浩然，發為功業利澤，日時帶煞，則凶狡之流。

節令花名寶卷含義

一月 寅月 二月 卯月 三月 辰月 四月 巳月

從立春到驚蟄 從驚蟄到清明 從清明到立夏 從立夏到芒種

五月 午月 六月 未月 七月 申月 八月 酉月

從芒種到小暑 從小暑到立秋 從立秋到白露 從白露到寒露
九月 戌月 十月 亥月 十一月 子月 十二月 丑月
從寒露到立冬 從立冬到大雪 從大雪到小寒 從小寒到立春

◎正月立春：「正月」端月、孟春、又稱陬月

是開始的意思，表示萬物復甦的春天又開始了，天氣將回暖，萬物將更新，是農事活動開始的標志，立春是公曆的二月四日或五日。

茶花開來早逢春，媳婦賢良敬大人。保佑公婆年千歲，
門前大樹好遮陰。孝順公婆為第一，自己也有做婆身。
你若不把公婆敬，生男生女也虛文。在家買些公婆吃，可比南海去齊僧。

◎二月驚蟄：「二月」花月、仲春、又稱杏月

春雷開始轟鳴，驚醒了蟄伏在泥土裡冬眠的昆蟲和小動物，過冬的蟲卵快要孵化了，這個節氣表示春意漸濃，氣溫升高，驚蟄是公曆的三月六日或七日。

杏花開來是春分，孝順男女敬雙親，孝順還生孝順子，忤逆還生忤逆兒，
不信但看簷前水，點點滴滴不差分，在生買些爹娘吃，靈前供奠是虛文，

爹娘就是靈山佛，何用靈山見世尊，一心只管行孝道，皇天不負孝心人。

◎三月清明：「三月」桐月、季春、又稱桃月

這個節氣表示氣溫已變暖，草木萌動，自然界出現一片清秀明朗的景象，清明是公曆的四月五日或六日，如有閏月則有出現四月四日。

桃花開來是清花，夫妻恩愛兩相因，丈夫不可嫌妻醜，妻子不可怨夫貧，妻子醜陋前生定，丈夫貧苦命生成，命好不到貧家去，命窮難進富貴門，姻緣本是前生定，五百年前結下緣，千里迢迢能相會，夫妻恩愛似海深。

◎四月立夏：「四月」梅月、孟夏、又稱槐月

這個節氣表示夏季開始，炎熱的天氣將要來臨，農事活動已進入夏季繁忙季節了，立夏是公曆的五月六日或七日。

薔薇花開立夏根，弟兄和睦過光陰，兄要從容照顧弟，弟亦從容敬其昆，兄弟相爭看親面，千朵桃花一樹生，三兄四弟一條心，門前泥土變成金，三兄四弟各心志，縱有黃金化灰塵，家中是有親兄弟，何必外面結拜人。

◎五月芒種：「五月」蒲月、仲夏、又稱榴月

「芒」是指穀實尖端的細毛，在北方是割麥種稻的時候，也是耕種最忙的時節，芒種是

公曆的六月六日或七日。

石榴花開是端陽，姑嫂做事要商量，嫂嫂有事姑娘做，姑娘有事嫂當場，
姑娘仁義敬重嫂，嫂嫂賢良愛姑娘。

◎六月小暑：「六月」荔月、季夏、又稱荷月

小暑這個節氣表示已進入暑天，炎熱逼人，小暑是公曆的七月七日或八日。

荷花開來伏中心，鄰居和睦過光陰，若有小兒相爭鬥，各叫兒女轉家門，
不可當面將兒打，從今兒女罵四鄰，大人相爭如仇敵，小人仍舊同伴行，
日日門前要相見，何必今朝鬧喧天，遠親不如近鄰好，急難之中互相關。

◎七月立秋：「七月」瓜月、孟秋、又稱巧月

這個節氣表示炎熱的夏季將過，天高氣爽的秋天開始，立秋是公曆的八月八日或九日。

鳳仙花開是秋天，勸君做事要當心，五更雞鳴清晨起，三日起早比一天，
起早既勤還須儉，免得忙時去求人，求人只可一二次，三次求人不相承，
別人求我三春雨，我求人家六月霜，三春之雨時常有，六月濃霜何處求。

◎八月白露：「八月」桂月、仲秋、又稱壯月

這個節氣表示天氣更涼，空氣中的水氣夜晚常在草木等物體上凝結成白色的露珠，白露

是公曆的九月八日或九日。

桂花開來是秋天，有錢不可笑窮人，窮的哪有窮到底，富的哪有富到頭，許多先窮而後富，也有先富而後貧，十年財主輪流轉，富貴貧賤世上輪，斗大燭光難照後，看他結果何收成，滿碗粥飯能好吃，說話之中留幾分。

◎九月寒露：「九月」菊月、季秋、又稱剝月

這個節氣表示冬季的開始，預示氣候的寒涼程度將逐漸加劇，寒露是公曆的十月八日或九日。

菊花開來是重陽，人到中年想收場，有錢無子非為貴，有子無錢不算貧，窮子自有翻身日，有錢無子是虛文，三十無子平平過，四十無子冷清清，五十無子無人敬，六十無子斷六親，老來無子真是苦，更比黃蓮苦十分。

◎十月立冬：「十月」陽月、孟冬、又稱良月

這個節氣表示清爽的秋天將過，寒冷的冬天開始，立冬是公曆的十一月七日或八日。

芙蓉花開是立冬，勸君行善莫行兇，十分英雄都蓋世，後代兒孫難做人，虎頭牢獄強人座，哪有良民在獄中，家中勞苦非真苦，牢獄之中苦難當，寧可高山望牢獄，不可牢獄望高山，善惡到頭終有報，只看來早與來遲。

◎十一月大雪：「十一月」葭月、仲冬、又稱辜月

這個節氣表示降雪來得較大，大雪是公曆的十二月七日或八日。

荔枝花開大雪紛，凡人壽年生前定，命中註定三更死，絕不留人到五更，
閻王出了拘魂票，不要錢財只要人，家中萬貫難帶走，一雙空手見閻王，
孽鏡台前照一生，陰司地獄苦受刑，早知萬般都是假，看破紅塵要修行。

◎十二月小寒：「十二月」臘月、季冬、又稱嚴月

這個節氣表示開始進入冬季最寒冷的季節，會有霜凍，小寒是公曆的一月五日或六日。

臘梅花開冷清清，勸君念佛早回心，神仙都是凡人做，只怕凡人心不誠，
修行念佛無老少，無常哪管老少人，快把酒色財氣掃，臨命終時不顛倒，
金童玉女來接引，九品蓮台樂逍遙，勸君及早要修行，人不修行怎奈何。
花名寶卷說完成，蒼天不負苦心人，有人敬信花名卷，勝造浮屠塔七層。

以下是年上起月表

月／年 甲己 乙庚 丙辛 丁壬 戊癸

◎正月 丙寅 戊寅 庚寅 壬寅 甲寅
◎二月 丁卯 己卯 辛卯 癸卯 乙卯
◎三月 戊辰 庚辰 壬辰 甲辰 丙辰
◎四月 己巳 辛巳 癸巳 乙巳 丁巳
◎五月 庚午 壬午 甲午 丙午 戊午
◎六月 辛未 癸未 乙未 丁未 己未
◎七月 壬申 甲申 丙申 戊申 庚申
◎八月 癸酉 乙酉 丁酉 己酉 辛酉
◎九月 甲戌 丙戌 戊戌 庚戌 壬戌
◎十月 乙亥 丁亥 己亥 辛亥 癸亥
◎冬月 丙子 戊子 庚子 壬子 甲子
◎臘月 丁丑 己丑 辛丑 癸丑 乙丑

八字之沖合刑害

1、十干化合

甲己合化土、乙庚合化金、丙辛合化水、丁壬合化木、戊癸合化火。

八字天干中有甲字和己字，則甲己相合，加強了土的力量。若甲和己相鄰，則相合之力較大，若甲和己中間隔了一二位天干，則甲己相合之力較小。不管合力大小，生于何月，甲仍是甲，己仍是己，並不是說甲不存在了，甲也並沒有發生化學反應而變成了土，這一點千萬要注意與他書的不同之處。

2、天干相沖

甲庚相沖、乙辛相沖、壬丙相沖、癸丁相沖。戊己土居中央，故無沖。

甲屬陽木，為東方，庚屬陽金，為西方，陽與陽同類相斥，金與木相剋，而且二者方位相反，故曰相沖。其餘相沖類推。

八字天干中有甲字和庚字，則甲庚相沖。不過八字論命中多講庚甲相克，少于論沖。其餘累推。

3、天干相剋

甲乙克戊己、戊己克壬癸、壬癸克丙丁、丙丁克庚辛、庚辛克甲乙。

4、地支三合

寅午戌合成火局、申子辰合成水局、亥卯未合成木局，巳酉丑合成金局。

八字中有寅午戌三字，則合成火局，並強了八字中火的力量，生于夏天或寅戌月則火力更大。

八字中有申子辰三字，則合成水局，並強了八字中水的力量。生于冬天或申辰月則水力更大。八字中有亥卯未三字，則合成木局，並強了八字中木的力量。生于春天或亥未月則木力更大。八字中有巳酉丑三字，則合成金局，並強了八字中金的力量。生于秋天或巳丑月則金力更大。

三合即是長生、帝旺、墓庫之合。如寅午戌合火局，寅為火之長生，午為火之帝旺，戌為火之墓庫。如果出現了申、子、辰三字中的一字，則寅、午、戌中的一字必然受沖，這時要注意，寅午戌仍然在合火局，因為受沖，自然有損火力，但三合之力仍存在，相沖之力也存在，不可認為因沖而解了合，或因合而解了沖。

八字有兩個而大運或流年湊齊另外一個，也會相合；或八字有一個而大運有另外一個，流年有另外一個，不管何種況，只要湊齊了三個字，也會相合。《滴天髓》：「方是方兮局是局，方要得方莫混局，局混方兮有純疵，行運喜南還喜北，成方干透一元神，左邊右邊空碌碌，成局干透一官星，生地庫地皆非福。」寅卯辰東方木，亥卯未合木局，寅卯辰之力大於亥卯未。其餘與局同此。

5、地支六合

子丑合土、寅亥合木、卯戌合火、辰酉合金、巳申合水、午未合土，午為陽，未為陰。八字中有子字或丑字，則子丑相合，併加強了土的力量。若子與丑相鄰，則合力較大，子與丑中間有一二地支隔開，則合力較微，但若有午來沖子，或未來沖丑，當以又合又沖論，不可認為因合而解了沖，或因沖而解了合。若八字中有一亥字，則作亥子丑會北方水局論，而不去論子丑合土。子與丑合，不管相鄰或是相隔，子仍然是子，丑仍然是丑，不能因為子丑合，子就不存在了，子水就發生化學反應而變成土了。其餘地支之相合類推。

6、地支六沖

子午相沖、丑未相沖、寅申相沖、卯酉相沖、辰戌相沖、巳亥相沖。

八字中有子、午二字，則子、午相沖。八字中的丑、未二字，則丑、未相沖。八字中的寅、申二字，則寅、申相沖。八字中有卯、酉二字，則卯、酉相沖，八字中有辰、戌二字，則辰、戌相沖，八字中的巳、亥二字，則巳、亥相沖。

子屬下正北，午屬正南，子屬水，午屬火，方位相對，性質相反。八字中有子字和午字，則子與午就會產生互相排斥的作用而爭戰扭打起來，其結果是兩敗俱傷，各自損失大部份的精力。若子字和午字相鄰，則沖力較大，若中間隔了一二個地支，則沖力減少，但沖力仍有。若子字有丑字相合，或午字有未字相合，則以又合又沖論，不能認為合可以解沖，或沖可以解合，這點宜注意。至於辰戌丑未之沖，方位相對，性質相類，雖然相沖，並不相克。

八字中有子字，而大運或流年走午字，則子、午也會相沖。其餘地支之相沖類推。

7、地支三刑

寅刑巳，巳刑申，申刑寅。

八字中有寅、巳二字，或巳、申二字，或申、寅二字，或寅、巳、申三字全有，則屬相刑。八字中有寅、巳、申三字中的一個或二個，大運或流年地支碰上了另外一個或二個，亦屬相刑。或八字中有寅、巳、申三字中的一個，大運碰上其中另外一個，這步大運所轄的流年地支遇另外一個，亦屬相刑。如八字中有一個寅字，大運走申時，流年在巳年，就屬相刑。丑刑戌，戌刑未，未刑丑。八字中有丑、戌二字，或戌、未二字，或未、丑二字，或丑、戌、未三字全有，則屬相刑。八字中有丑、戌、未三字中的一個或二個，大運或流年地支碰上了另外一個或二個，亦屬相刑。或八字中有丑、戌、未三字中的一個，大運碰上其中另外一個，這步大運所轄的流年地支遇另外一個，亦屬相刑。如八字中有一個丑字，大運走戌時，流年在未年，就屬相刑。

子刑卯，卯刑子。八字中有子、卯二字，則屬相刑。八字中有子字（或卯字），大運或流年走卯字（或子字），亦屬相刑。

辰午酉亥自相刑。八字中有兩個辰或更多的辰，有兩個午或更多的午，有兩個酉或更多的酉，有兩個亥或更多的亥，則辰辰相刑，午午相刑，酉酉相刑，亥亥相刑，均屬自刑。或八字中有辰，而大運或流年又遇辰，亦屬相刑。其餘午、酉、亥之刑類推。

8、地支六害

子未相害、丑午相害、寅巳相害、卯辰相害、申亥相害、酉戌相害。共六種相害，稱「六害」，相害又叫相穿。八字中有子字和未字，則子未相害。若子字和未字相鄰，則害之力較大，若子字與未字相隔，則害之力較輕。或八字中有子字，而大運或流年走未字，則子未亦相害。其餘類推。

9、地支相破

子破酉、酉破子；丑破辰、辰破丑；寅破亥、亥破寅；卯破午、午破卯；巳破申、申破巳；未破戌、戌破未。

八字中有子字，又有酉字，則子破酉、酉破子，若子字和酉字相鄰，則破力較大，若子字和酉字相隔，則破力較小。其餘地支類推。

子平祿命專業術語

◇比劫幫身：比肩劫財與日干屬同類之物，均可助日干之力，如甲見甲（比）、乙（劫）、寅（祿）、卯（刃）之類，正如一個人打不過人家，有兄弟幫忙或壯膽，就能打過人家。日干弱，不能勝任財官傷食之消耗，柱見比劫則為喜，如柱中財多身弱，喜比劫幫身克財；柱中官殺旺而身弱，喜比劫幫身敵官殺；柱中傷食旺而身弱，喜比劫幫身洩氣也，行運亦如之。人命逢之，兄弟有情，朋友得助，社會關係良好，發達亦是必靠兄弟朋友之助。日干本強，又見比劫來幫身，則為禍也。

◇比劫奪財：又叫「比劫爭財」。日干強，柱又有多比劫，則比劫之幫身卻為凶兆，蓋旺上加旺，物極必反，柱中財星本為日干所享，卻被比劫爭奪去，行運亦如。比劫過旺，須官殺制伏比劫方為福。人命逢比劫奪財，一生財物每多虛耗，經濟觀念不強，浪費成性，且一生又多遇小人奪財，兄弟無情義，行運遇此，多主遭人算計而破敗。柱中日干強，比劫多而成為忌神，須柱有官殺制之，行運亦宜官殺旺鄉。

◇財多身弱：又叫「財旺身衰」。柱中日干弱而偏正財之力強，日主不能勝任之，其財反不能享，如三歲小儿要挑一百斤東西。凡財多身弱者，而柱中又有官殺，則財生官殺來克日主，其禍不可勝言。或柱中又有食傷，泄盡日干元氣生在財上，其禍亦重。財多身弱，宜見柱有比劫幫身為福，行運遇比劫則發，或柱有印星亦吉，唯須比劫制財以護印。

◇貪財坏印：又叫「財星破印」。日干弱，喜印星生扶日干，則不喜財星，因財可克印也。若柱中以印為用神，而逢柱中有財星沖、克印星，則為不吉之兆，人命逢此，一者背井離鄉，二者職業不定，三者學業難就，四者因財致禍，五者早克母親，六者體弱病多，七者經常搬遷，八者為人虛浮了無實學，九者婆媳不睦，以上諸等，必犯一二，又看此財印居於何柱而詳言之。行運遇之，多主有災，或丟掉公職（也許是下海），或因財喪命。凡財星破印，須有比劫制財方佳，行運亦同。

◇印綬護身：日干弱，當賴正偏印生身而旺。凡印星護身，忌財星克印，喜官殺生印。若柱中日干本強，又有印星來生，或遇過多之印生日，反不為吉，則又喜財星克去有餘之印。流年大運同。

◇官印相生或「殺印相生」：柱中官殺克日，須印星泄官殺之力而生身，或身強印弱，喜官殺生印。有云：官生印，印生身，富貴雙全。殺不離印，印不離殺，殺印相生，功名顯達。

◇財旺生官：身旺，財旺，官弱，喜財生起官星為用也。

◇官星衛財：柱中財神，被比劫奪去，猶喜官殺克去比劫，使財為日干所享，此官星衛財也。

◇官殺混雜：柱中既有官星，又有七殺，且官殺成黨，克伐日干，則凶不可測。日干旺，比劫多，喜官殺相混，日干旺，印星多，不忌官殺。身衰而官殺混雜，必然貧賤，身強而官殺混雜，宜去官留殺，或去殺留官，具體而定。凡官殺混雜，喜印星化官殺而生日，喜比劫代替日干而受官殺之克。若日干不弱，又喜食傷制去官殺之力，若身弱則喜印星化官殺生身，不宜食傷也，當知，身弱又逢克泄交集，下命無疑。

◇官變為鬼：又叫「身衰遇鬼」。日干衰，有重重官星來克日干，此非官也，實乃克身之鬼也，官多無官，與七殺無異，禍不可測，唯喜印星化之。大忌柱中有財及運逢財地，必遭大禍。

◇傷食洩秀：日干強，比劫多，無官殺，須傷官或食神洩日干之力，以趨中和，此為洩秀，而尤喜柱有財星，則比劫生傷食，傷食生財星，財為我享也。日干衰弱，再不宜逢傷食盜洩日干之氣，則弱上加弱也，又宜取比劫代身洩氣，或印星制去傷食。歲君大運同。

◇偏印奪食：又叫「食神逢梟」。日干強，無官殺，宜食神洩氣以成中和，而生財星為福，卻柱有偏印，克去食神，又使日干更旺，此為凶也。此非獨食神、偏印也，傷官、正印亦如之。凡傷食洩秀而用，不宜見印星也，若遇之，又宜財星克去正偏印為福。

◇傷官見官：柱以傷官為用，或柱傷官氣盛，則不喜官星，緣傷官與官星相戰，其禍不可勝言，行運同此。凡傷官見官之格，最難分辨，今後再詳述。

◇食神制殺：日干衰，有食神，又有七殺克身，殺雖不宜見之，妙在有食神制去七殺也。或日干旺，七殺亦強，無印星，唯以食神制伏七殺，化為權星也。古詩云：偏官有制化為權，唾手登云發少年。此不單食神可制殺，傷官亦可制殺，其理同。唯日干強，七殺弱，不可制也，反宜行財殺旺鄉助起七殺也。日干強，七殺強，可制，但不可制過頭，如疊疊傷食，七殺被制過份，又為凶兆，不能發達。日干衰，七殺過強，不可制也，反宜印綬化殺生身為上。

◇羊刃駕殺：日干強，柱又有羊刃，喜見七殺，此七殺不可制，名羊刃駕殺，兵權貴顯。如七殺過重，又宜略略制之，或有印化之，制者宜行制伏運，不宜印運，化則宜行印運，不宜行財運克印。凡命中羊刃駕殺者，以制殺為佳，以印化殺併不一定很好。

◇官星帶刃：日干強，柱有羊刃，喜見正官，尤喜正官通根透干，制伏羊刃，名官星帶刃，掌萬將之威權。柱中羊刃重而官弱，而又宜財生官，或殺混官，行運亦如。唯羊刃不喜正官在地支來沖也，反為大凶之兆，名羊刃倒戈，必作無頭之鬼。如甲以卯為刃，不喜酉來沖，丙以午為刃，不喜子來沖，流年大運同。

斗數與子平八字異同

子平法與斗數之間，最主要的區別是子平法以「氣」（廿四節氣）為基礎，斗數則以「數」（河圖先天數）為基礎，兩者相輔相成，故常以論人為「氣數」如何。紫微斗數總訣：「希夷仰觀天上星，作為斗數推人命。」紫微斗數「不依五星要過節，只論年月日時生」，紫微斗數使用太陰曆體系。而八字所用的算命法，是用太陽曆，要論節氣。所以兩者是完全不一樣的論命術。但不依五星要過節的這句話，一般書籍上斷章取意的解釋，早已喪失本意而與原意不符了。斗數不依節氣而論，那倒未必，因為斗數本身亦有分派別的，其中是有一派亦依節氣來論出生月的。所以我們要用科學的精神來對待命理。什麼才算科學的精神呢？科學是有根據，有理論的。算命也是要講道理的，我們研究命的道理所以稱之為命理。只有深研命理，把理論弄通，算命才會客觀。一位屢次動手術都成功的醫師，和一位屢次失敗都能馬上知道失敗原因的醫師，你們說誰較優秀？當然是後者。因為每次成功，不代表每次都會，成功有時是有些運氣在裡頭，而每次失敗都能知道失敗的原因，是要有相當的學識的。所以運用四柱八字者，要旁通紫微斗數，運用紫微斗數者，要旁通四柱。換言之，紫微以黃道十二宮之運行可窺探每個人未來之吉凶禍福。八字依循天干地支之變化運算生活上之吉凶運勢。

紫微斗數與子平八字，大體上都是來自於七政四餘之學，尤其是唐、宋年間的果老星宗等占星之術。斗數象其星圖，利用星曜與宮位之間的對待，配合飛星四化之學，而來定人命之吉凶休咎。至於子平術者，保留干支四柱，運用陰陽五行之生剋制化，時節旺相等方法，以為人命禍福之依據。至於八字以日元為主，與以往以年命、納音為要的論法，則有其差距與變革。換言之，子平八字與紫微斗數是中國命理學中的兩大顯學，兩種準確度極高的術數，若論兩者高低，卻是各有千秋。子平八字與紫微斗數，兩者的取向不同，但殊途同歸，子平八字是宏觀的推算，紫微斗數是微觀的推算。子平八字在推算人生運勢的起伏，六親關係是很高的準確性，例如：子平八字可以算出一個人何時會行財運，但行財運的具體性質及前後的經過則未必能觸及。又或者子平八字很準確判斷何時姻緣將至，而紫微斗數亦可以從星象及四化看到對方的樣貌性格做為參考，在這些細節會有詳細的推斷，最理想是兩者合參。明、清二代之際，為子平法的隆盛時期，而斗數在命理學上也佔有重要地位，而甚至有人將斗數與子平法融合為一，用以推斷命理，實是具有深遠的意義，也是恢復早期命理創立的原意。

再說子平八字是用陰陽五行，即金、木、水、火、土。認為大自然由五種要素所構成，隨著這五種要素的盛衰，而使得大自然產生變化，不但影響到人的命運，同時也使宇宙萬物循環不息。子平八字的精髓是在取用神，其優點在於簡單扼要，一旦用神選取得當，一生富貴榮枯可據而推，然非有相當功力，喜忌不易掌握。紫微斗數於推算命運上，似乎有一固定的公式，定律可以遵循推演，答案直接明確。但事實上運用於命論時，亦相當繁瑣、複雜，諸星的含義，諸星的結合，三方四正加會諸星情形，有定律卻須懂得融會貫通。兩種算命方法那種較易掌握是因人而定，喜歡推理的人學八字較易掌握；喜歡計數的人學斗數較為有利。若能具備兩者優點，用紫微斗數或子平八字推算出來的結果不應有差異，定能將兩者互相印證，也可檢視有無誤判。

不過八字跟紫微斗數一樣都有爭點問題存在，例如：喜忌神的取用干支不分：古籍內容常籠統含混沒有嚴格的操作型定義，例如：喜忌只以五行甚或二行一同取用，未明確辨證出二十二種干支的差異，雖然命盤是以有科學根據的曆法為基礎，但取用不精確的缺點仍然難以通過邏輯的檢驗。日干與六親的喜忌不分：古今著作只論及命主喜忌，六親喜忌卻存而不論，造成日干喜忌等於全局喜忌的錯誤認知。此原因多出於喜忌取用的標準眾說紛紜，當連命主的喜忌都莫衷一是時，要求也論出六親關係的喜忌無異是緣木求魚。喜忌以世俗財官來認定：財官位在星學中之意義僅為三方而非命遷之主線（不屬第一線重點宮位），換言之若逢財官化祿而命遷化忌時將出現認定上的矛盾。綜觀古今子平著述，良莠不齊，或邏輯不清，理則不明，或似是而非，前後矛盾；或不求甚解，套命以求自圓其說，背離八字正宗論命，以致後代有志研習者，常惑於理論與現實無法配合，如墜五里霧中，茫然不知所宗，視子平為畏途，產生極大的挫折感。

年柱定位是祖上或父母：其它的命理系統（如星學）從來都不存在祖父母宮，祖父母除了隔代教養的情況外在一般的家庭裡對小孩並無直接的影響，換言之它不屬於六親的範疇（在心理學稱為重要他人）。中國八字學，源遠流長，先賢高人輩出，流下不少極有價值的文寶，承先啟後；但遺憾是，書由不同人寫，而不同的先賢，對一個名詞，也可以賦予不同的定義。就以「用神」這名詞為例，不同古人，也曾賦予過其不同意義。而不同定義，所指又是不同東西，《窮通寶鑑》認為庚金生申月最好有財官；但甲木生寅月最好用食傷洩秀；《窮通寶鑑》就十天干的特性，配合十二個月份，說明怎才是最佳配搭，但是實際應用時卻問題多多？為何相同八字用神看法大不同如果你有這個困擾？是不是看太多古書《窮通寶鑑》《三命通會》《欄江網》。

所謂的隔代遺傳，其定位應是以日主為太極點連結到其父母和小孩，否則依陽陰干支的二元系統之理，有祖上卻為何無孫子？此點和用十神輾轉推理意圖得出所有間接的人際關係（祖宗十八代）基本上都犯了相同的謬誤，欲把命理學無限上綱是一開始就走錯了方向。而八字的格局主要為正格和特別格局：正格，大體上可細分為正格身旺、正格身弱，但如何判定旺弱亦需要從八字和流年大運中互相化合得出結果。古書上有不少可供參考的資料，如《窮通寶鑑》中，列明十個天干在不同的月令時的旺弱及喜神、忌神，以判斷吉凶。特別格局：古書一般稱之為從格，從格可細分為從財格、從旺格、從殺格、從化格等等。從格的喜忌與一般正格不同，一般格局下喜神的選擇均以能夠保持八字中五行平和為主，但在從格中這種喜神的選擇被打破，因日主已經順從某種五行故此喜神的選擇應以日主所從之五行為佳。

再者，「出生八字重量」是依照人出生的年、月、日、時的八字重量總和，再以八字重量總和評斷人一生的吉凶禍福。但此方式之精確度太籠統，只能做為參考，最好還是以子平八字、紫微斗數等其他命理方法較為準確。八字分輕重其實是錯誤加荒謬的觀念，它的起源就來自於《農民曆》後頭加印的〈袁天罡秤命法〉，按照出生年月日時去查一個表，全部加總後，得知幾兩幾錢，再去找另一個表，算出一生的總評語，那是極為粗糙的公式，只有江湖術士與命理外行人會去玩，還有更荒唐的流傳，例如重的人比較不易見鬼，輕的就易卡陰是屬特殊體質等等。這些都是不正確的觀念，正統的八字是沒有輕重之分，只有旺弱，那是靠出生年月日時所排出的五行生剋制化總結構去分析出來的，其中的學問很深，還有「用神」概念雖是子平八字學的基石，可惜「用神」的內涵是多元。一般人或不學無術的江湖術士，根本無法去分析，所以他們只好用最方便的〈袁天罡秤命法〉所以就命運好好玩摟。

您知道嗎？如果您出生於時辰交界或是半夜子時，一般排八字排出來的更有可能是錯的，要排出一個正確的八字，除了要考慮到自然的現象，包含了：節氣、經緯度、均時差、太陽軌道、地球自轉的計算，還要考慮到人為的介入，也就是「日光節約時間」！絕對不是一件容易的事。天道輪迴，生死相倚，福禍相隨。三命通會敘曰：「夫命豈易言哉，其旨深，其義奧，其理上通天乾元無極之微。」的確如此。命理旨深義奧之處，唯有般若智慧能透徹易理五行之互動，木依土而生，金得土而養，水有土岸而不氾濫，火得土泄而不燥燄，能得觀照自然五行，真如起作用所現之相，才能了解記錄人生累世因果業報的八字命理，而且利用其自然五行互用之特性，以獲得豐裕的物質與精神生活，增進人生在業因果報的旅程得逍遙自在。《三命通會》一書云：「四柱內觀其九族，三元中辨其六親，蓋六親多寡，存失貴賤，榮枯衰旺，皆非世人可能得為，實天地之造化，誠陰陽之所致，鬼神不能移也。」蓋以人生莫不有食祿與運數，所謂有命有祿也。見其相而知其命運，觀其命而知其體性也，故曰祿命。

Chapter 6

認識姓名學

姓名學基本原則

姓名學是甚麼，就要從我國的文化瑰寶《易經》說起，《易經》的精髓是陰陽五行（金、木、水、火、土），世間萬事萬物無不是陰陽五行生剋制化的結果。1、3、5、7、9屬陽；2、4、6、8、10屬陰。所以姓名學是《易經》測字學的一個分支，古已有之，淵遠流長。再者，姓名學這一門學問，國內外專家都有精闢的論斷，有的以三五格為本，獨樹一格，有的以易經的卦象來解釋，也有的以生肖配合陰陽五行的理論來論述，也有以八十一數字靈動的原理為主體做解釋，有的以字行、字音、字義的說明來區隔，可以說是琳瑯滿目，各有所長。

換言之，姓名學論命乃是姓名學術中，屬易經派的本領，為中國古老的文字論命學術，主要是利用出生年月日時及姓名文字，配合中國易經卦理推算了解個人後天命的吉凶喜忌，並且能推演流年及

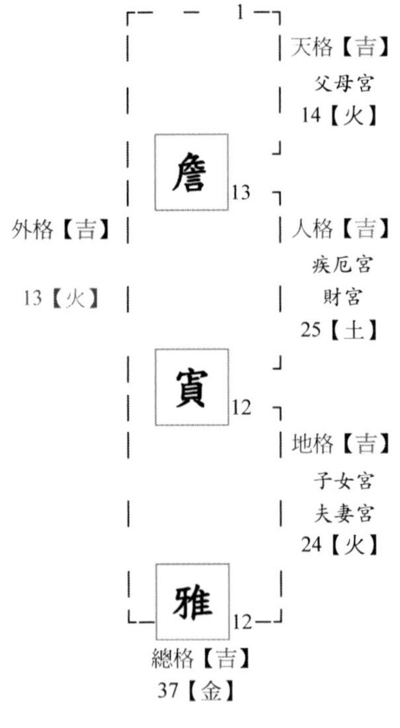

流月的運途吉凶，完全顛覆姓名學只能看命而不能論運的刻板印象。再從歷史的淵源與發展來看，姓：姓氏代表了每個人的血緣與祖先從哪裡來，名：《說文》：「名，自命也，从口夕，夕者冥也，冥不相見，故以口自名」字：古代男子一出生就命名，待成年行冠禮又加字，合稱名字。《禮記：檀子上》：幼名冠字。古今中外姓名學這門學問都是有其脈絡可循的。

命理學各項學說經由時代的演變，目前真可以說是百家齊鳴，各門各派皆有其論點。以姓名學而言，即大概分為六類：一、筆劃派。二、三才五格派。三、天運派。四、八字派。五、易經卦象。六、生肖派。其中坊間最為常見大概就是生肖派了。因為生肖是我們自小就常聽到的觀念，而且它是以該生肖的動物特性來論名字則以望文生義的方式來論，可以說是淺顯易懂，不需要對陰陽五行學與命理知識有太深奧的理解，但是，諷刺的是生肖派是最沒有理論根據的一種姓名學也是最不可信的。目前常見的幾個姓名學的誤解，

一、以生肖做為取名參考。生肖的由來是依天上廿八星宿取其中的十二個平衡點，而這平衡點的命名則是古人由身邊常見牲禽來作為命名以作為時間點的紀錄，而並不是說在這時間出生的人就有其動物特性，把人的命用牲畜的特性來論 真是把人當畜牲看了。

二、以為改名字可以解決所有問題，曾經在網路上看到有老師自稱改名的功效：改名一定要給他最好的，最有效、最有力量的名字，改名半年內一定見效，包括健康、感情、工

作、財庫、人緣，都一定會越來越好！小孩改名後會變乖乖聽話而不吵鬧，不易受驚嚇，腦筋聰明！改名真的是太神奇了，降低犯罪率及提高在國際間的競爭力就靠這個了。更有人說，新生兒名字取的好，幾年之內買車子買房子，取的不好家破人亡，妻離子散。新生兒命名很重要關係著一個家庭夫妻幾年之內感情、錢財、事業的成敗，政府救經濟，降低失業率也靠這個了。原來父母自己生活工作上的不如意原因都是小孩名字取不好啊！

三、以為用罕見字就是好，有些老師為了顯示自己的學識淵博，幫人取名命名時：專挑一些沒見過的罕見。例：哿、詅、塍、椽、最、烕……等等（以上的字你念得出的有幾個）名字是要讓外人來辨識自己，認識自己用的。用個大家都不會念的字反而減少了自我的行銷機會，別人不易記住。

四、直接以字來補其命格所缺的五行，很多人都有名字需搭配八字命格的觀念，但卻以為是缺什麼就補什麼，直接用字來補，這在以往最常見的就是直接把木火土金水當作名字。老一輩的名字叫做火土、金水等等，還真不是少數。其實並不是所有人都適合用缺什麼就補什麼的觀念，因為八字變化萬千，還牽扯到暗藏，有時候暗藏的五行反而會跳出來影響，還比其他主星還明顯一點。

再者，也不是以字的部首或是偏旁來決定五行屬性，例如：「淡」這個字，究竟要算火還是水，說是屬水，明明字裡面有兩個火多過一個水，應該是火強過水。要說屬火：「淡」這個字部首又明明是水部。

五、以為八十一筆劃派是日本人發明，八十一筆劃派的理論根據是依據易經八卦演變而來，易經八卦本來就是我們命理學說的理論根據。日本人熊崎健翁是研究易經時發現中國人命名有其特色，而加以整理出現在所謂的筆劃派學說。別忘了近來有新聞指出，日本流傳的李白《靜夜思》「床前『看』月光，疑是地上霜。舉頭望『山』月，低頭思故鄉。」有可能才是李白原作，「床前明月光，疑是地上霜。舉頭望明月，低頭思故鄉。」我們自小所熟知的詩句，恐怕要被改寫了。

學問是不分國籍，重點在於有無去研究。命名，當然也不是盲目追求筆劃為吉數即可，否則同姓之人皆取同名，難道就會有同樣的結果嗎?當然是不會。命為先天之數，不可改。名為後天之數，可運用。命名還是得依據個人八字特色來修後天補先天之不足，八字格局計有八十幾萬種其中變化萬千，自是不在話下。而長期以來，很多人受一些江湖騙術的蒙蔽，現在我們必須用科學的態度對待他。

我可以肯定說，任何事情都不是註定一成不變的，命運是掌握在自己手中，有很多時候是自己努力和涵養的成份居多。當然有原則就有例外，有些人會怎麼努力也無法得到該有報酬。因此，後天環境是可以改變先天因素，這都是相對而不是絕對的，物以類聚，亦可說換了位子就換了腦袋，換了環境就換了心情。人生幸福與否的因素很多，首先應通盤瞭解先天因素即四柱學跟紫微斗數，再通過取捨姓名中的五行彌補和中和先天不足，盡可能的化解和減輕生活中的各種災難，便是一條行之有效的捷徑。《易經》：中和為貴就是這個道理。

姓名非一定要改名不可，重點是在個性，江山易改，本性難移。改變個性改變態度，再看姓名時怎麼看都是好名字，無論姓名好壞，人都要勤勞努力，這是不變的道理。申言之，姓名學，無論研究派系之別，皆主要以求問者的生辰八字為改名造運之首要根據。爾後，研究者再以天格、人格、地格、外格、總格、天運五行、姓名總筆劃為批註基礎，以期經由姓名學為再造「後天運」之改名依據，但這是錯誤的觀念。

姓名學研究者認為：除了傳統的算命以「知天命」為主之外，人類尚可經由其他方式來改變既有之運勢，例如：「一命、二運、三風水、四積德、五讀書」，或經由改變習慣來改變個性，以致改變命運等。所以生肖學以十二生肖屬性及特性來分析。字學由文字中拆成上下左右來解釋意義。造字學是依象形、指事、會意、形聲、轉注、假借六項法則來評論。春秋禮數是敬老尊賢乃自古禮數，哪些字犯此禁忌須查明。五行生剋則是字型之五行木、火、土、金、水間之合剋來論斷。

簡單的來介紹，天格、人格、地格通稱為「三才」；天格、人格、地格、外格、總格於姓名學通稱為「五格」。姓名學各家主要差異有三：姓名總筆劃之吉凶關係 以《康熙字典》之「部首」筆劃數，例如花字，包括部首的總筆劃數是10 以現代人之「手寫」筆劃數，花字，以手寫時，總筆劃數是7。「名字」包括：字體形狀、字的音韻與字義、字的筆劃數理等。不可否認姓名之數理，乃根據易經卦象演變而來。「數」本無「理」，是「數」加諸於物體（姓名）而產生了卦爻、卦象的演變，同時亦產生了八十一數的靈動，用這八十一數吉凶靈動來影響後天運，就是「改運」。而尾數所屬五行及五行相生剋關係為各家所俱認同，並無門派之別。簡單來說，

☆尾數1、2於五行屬木

☆尾數3、4於五行屬火

☆尾數5、6於五行屬土

☆尾數7、8於五行屬金

☆尾數9、10於五行屬水

☆相生關係：木生火、火生土、土生金、金生水、水生木

☆相剋關係：金剋木、水剋火、木剋土、火剋金、土剋水

但相剋與相生是否吉凶，以五行致中庸為原則。非命中缺金，即於求問者之名，加上金字旁或另取含金字旁之名。亦不可太過，例如總格數五行屬水，而其餘四格五行屬土，成四土剋一水之格局。另有特殊格局須配合先天八字，例如三才「金水金」之配置，予先天八字水性至弱者用之大吉。

五行基本認識

中國之各種命理哲學，各有其優點及缺點，並沒有一科能夠符合人類的需求，因而衍生出林林總總的命理學，其每一科之學說理論都各有其特色。例如「卜」類之學說，著重在天感人應及人與人之會通。「相」類之學說，強調在於當下所看到之狀況，顯示出之吉凶悔吝。「命」類之學說，依據出生的時辰，和天時的感應、地域性的呼應及人類的互動，形成一個固定推論人類一生吉凶起伏的準則圖表。在此三大類中，又可細分各式各樣的命理論斷方式。

當我們粗窺各種推命方法時，覺得各種命理推論吉凶好像各有其特色而互不相關；但我們再深入研究時，會發現他們有一個共通點，那就是「五行生剋制化」的理論與應用，在每

一種推斷命理方法皆採用此「五行生剋制化」理論，只是所佔之比例不同而已，這也顯現出「異中求同」的易經之特性，姓名學也不例外。

但是在坊間紫微斗數書籍中，很少論述五行生剋制化之理，甚至於《紫微斗數全書》中也只略略提到而已，並沒有特別闢一個章節來加以闡述，因而許多研習紫微斗數的人，相對也較不重視五行生剋制化之理，會偏重於星性的研討。

以下是五行的基本公式：

五行：木，火，土，金，水之合稱。

五行相生：水生木，木生火，火生土，土生金，金生水

五行相剋：水剋火，火剋金，金剋木，木剋土，土剋水

五行同性比旺：

金金：金金不合，格格不入

水水：水水交融，但大火遇水則用無抑制之力反助火旺，水無功

木木：木木相扶持之助，群木在一起相互扶持顯高大健壯

火火：火火交融，助其旺。

土土：土土相遇，緩緩增加。

四季方位的五行：四季方位與五行暗藏之理。

春生：屬東，屬木，木旺於春，色青。

夏長：屬南，屬火，火旺於夏，色紅。

秋收：屬西，屬金，金旺於秋，色白。

冬藏：屬北，屬水，水旺於冬，色黑。

中央：均屬土，色黃。

天干五行：

天干：甲、乙、丙、丁、戊、己、庚、辛、壬、癸。

甲、丙、戊、庚、壬屬陽干，其餘屬陰干。

天干相生：甲乙木生丙丁火，丙丁火生戊己土

戊己土生庚辛金，庚辛金生壬癸水

天干相剋：甲乙木剋戊己土，戊己土剋壬癸水

壬癸水剋丙丁火，丙丁火剋庚辛金

庚辛金剋甲乙木

五行方位：

東方甲乙木　甲為陽木，乙為陰木，色青，肝膽

南方丙丁火　丙為陽火，丁為陰火，色紅，心及小腸

中央戊己土　戊為陽土，己為陰土，色黃，脾胃及十二指腸

西方庚辛金　庚為陽金，辛為陰金，色白，肺及大腸

北方壬癸水　壬為陽水，癸為陰水，色黑，腎及膀胱

地支五行（生肖五行）：

十二地支　子、丑、寅、卯、辰、巳、午、未、申、酉、戌、亥。子、寅、辰、午、申、戌屬陽，其餘屬陰。

地支三合　申子辰合，巳酉丑合，寅午戌合，亥卯未合。

地支三會　亥子丑會於水，寅卯辰會於木，巳午未會於火，申酉戌會於金。

地支正沖　子午沖，丑未沖，寅申沖，卯酉沖，辰戌沖，巳亥沖

天羅地網　辰、戌、丑、未合稱四庫，其中辰為天羅，戌為地網，丑輔天羅，未輔地網。

四方　子北，午南，卯東，酉西。

四維　辰東南，戌西北，丑東北，未西南。

八方　四方及四維。

地支用於月令：暗合子開天，丑闢地，寅出人之論。

農曆寅為正月，卯為二月，辰為三月，巳為四月，午為五月，未為六月，申為七月，酉為八月，戌為九月，亥為十月，子為十一月，丑為十二月。

舉例如：子為十一月，喻開天之意。秋收播種，種子於十一月份會在內部起變化，暗合開天之意。舉例如：丑為十二月，種子在此時，質會有所變化，暗合闢地之意，至春天一到即發芽，生氣蓬勃之象，暗合人居中，屬陽，亦謂寅生人之象。

換言之，五行生剋制化的影響，「五行生剋制化之理」對我們的影響，是在隱藏中默默影響且非常深遠。因為自漢朝以後獨尊儒家，認為「五行生剋制化之理」乃是數術家所應用，因而鄙視此原理。但是我們又可以從歷史中得到「五行生剋制化之理」被應用的現象，從秦朝以降至宋朝之間，每位開國君主當其推翻前朝時，都會先定德運，重頒臘日及社日，而進行臘祭，以表示自己是應天命而獲得社稷，以示正統。這也說明「五行生剋制化之理」是在傳統科學和傳統神秘學互動下，在同一歷史劇中身兼正反二種角色，互相滲透，互相排斥，互相成就在影響我們人類。

古代聖賢對於五行生相剋制化原理，非常重視。認為宇宙間萬物能長期處於均衡的狀態，主要建基於五行之間，相互依賴、相互排斥、相互制衡的關係，由於此種關係的協調結合，方能為人類提供美好的生存空間。

命名使用基本要領

如能為可愛的子女撰取良好的名字，是普天下生為父母的共通心願，也是自然的人情。因良名是開運之鎖鑰，且可能影響約束子女日後的光明前途，故不得不慎重為之。但這跟改名是兩碼事，不能混為一談。換言之，出生嬰兒，第一件大事，就是排八字，取名字，雖說姓名影響命格不到百分之三，但依舊為人父母所迫切。而取名字是有技巧的，一、配合生辰八字之喜用。二、配合生肖即姓氏之取用。三、配合字筆畫之靈動。四、配合陰陽之順序。俗語說：留子千金，不如教子一藝，教子一藝不如賜子佳名。取名精要（以桃花人緣、助旺事業、名利雙收為目標）以人格數（姓＋名之數）來論定，因人格代表前半生的吉凶禍福及一生事業運、人格數最為重要，可決定人一生的五十%。

（一）人格為3、5、6、11、13、15、16、21、23、24、25、31、32者，若與天、地格搭配無相剋，則較易成功，且可緩和他格之凶數。

（二）人格為4、9、19、20、26、34且他格亦不吉，搭配又相剋，則為凶。

（三）人格為13、23、24、33但天、地格有9、10、19、20、29、30則轉為小凶。
（四）人格有7、8、17、18但天、地格有3、13、14、23、24亦為小凶。

人格與天格的基本關係：

a、人格數的五行，生天格數的五行者，向上發展迅速，得順調成功。
b、天格數的五行，生人格數的五行者，比前者較為消極，但得祖父之餘德，或蒙長上先輩的愛護，有往上展伸的相當實力。
c、天格數的五行，剋人格數的五行者，與上長先輩之間，缺乏調和，或命運被抑壓，致使成功困難，目標希望難達，容易惹起不平不滿，又心身過勞，終致健康受傷害。
d、人格數的五行，剋天格數的五行者，諸事不成功，唯白手辛苦創業稍可。雖然亦有到晚年始得成功者，但極為稀少。而其不成功，乃屬漸漸陷入困境，終致失敗不能再起的境地。

人格與地格的基本關係：

a、地格數的五行，生人格數的五行者，為最安全穩固。即生本身之田在於地，所以地盤基礎鞏固，可得地格之後緩支持，充分能發揮活躍本身之才能。

b、人格數的五行，生地格數的五行者，雖然不能得到前者一樣的安泰，但在平安中，與部屬後輩之間，保持調和，而從本身的努力亦獲得類似完全的安泰。

c、人格數的五行，剋地格數的五行者，基礎不安，輾轉移動，難得安居。因此對於住居或職業，容易發生轉變，又被部屬、後輩連累意外之凶災。或傷害健康，或招急變、急禍、終損壽元。

d、地格數的五行，剋人格數的五行者，急禍災殃頻發，部屬、後輩會帶來壓力不安。但當人的先天八字屬人格五行星強烈，且能制伏其凶災者，基礎之堅固無比。

姓名唸音五行吉凶：

姓名呼叫唸音五行的靈動，對於命運的開拓上，係有重大關聯，所以選擇文字時要慎重。且構成人格部的文字，絕對要避字含義五行有：（水・火）、（火・金）、（土・水）

的相剋五行靈動。

◎木性：代表帶有陽氣之發展，及野心。女子傾於男性氣象。
◎火性：代表活氣旺盛，富於自信力，且剛情重義理，然易招不和。
◎土性：代表溫厚，缺進取之氣息，為人多蒙損失。
◎金性：代表寡默，但稍有苛酷之質，易生爭鬥。
◎水性：代表才智優秀，多情，勤勉，但有破壞性。

ａ、唸音五行的理想配合：

火配木、土配金、木配水、金配水、水配木、火配土。以上的配合者，溫厚、柔和有才能。即使其配合顛倒亦相同含義。

ｂ、三才唸音五行的理想配合：

火木土配、土金水配、木水火配、金水土配、水木金配、土火金配。

以上的配合者，具有忍耐、有智慧、富於果斷，備有遂行大志大業的能力。其配合上下相反轉替亦同。

ｃ、唸音五行的凶組合：

火配水、水配火、金配火、火配金、水配土、土配水。以上的配合者，具壓迫、抑制、失敗誘導。

陰陽的組合調節：

三才五格的數理，不可偏於陽數，或陰數的一方，要平均調和為宜。

單數者：一、三、五、七、九、以上陽性之數。雙數者：二、四、六、八、十、以上陰性之數。

◎陽性之數：代表主動、積極、陽剛、明朗、充滿希望、活力的。但是，如果陽數過度者，反為剛情、自我、衝動、空想、無反省、無思慮等氣質。

◎陰性之數：代表被動、消極、陰柔、暗昧、自責自虐、萎縮、沉靜的。但是，如果陰數過多者，反為重心機、自卑、易招厭世厭人，深思過度的反省，暗淡，仇視記恨等氣質。

姓名文字的形體意義：

即名字的字形，無均勻工整成型者，將招起心理上的不安定，致使失其理想生活及現實生活的平衡。且文字的形體，約略可區分為強弱虛實等四種型。

◎強型文字：炎、成、威、飛、龍、戰、義、豪。強型者，文字旺盛活潑。
◎實型文字：圖、國、閣、鳳、基、樹、衛、泰。實型者，文字體型填實。
以上兩種字形，自然有果斷邁進，意志堅強，藏有排除百難的氣力。
◎弱型文字：斗、平、年、市、幸、帛、科、隼。弱型者，文字瘦長柔浮。
◎虛型文字：几、口、門、穴、入、方、行、弓。虛型者，文字的內容空虛。
以上兩種字形，含有無膽、優柔、消極、心高意大，無思考力及實在之意。尤弱型者亦可能影響及於身體高低或胖瘦之暗示。

又姓的意義與名的字義，對其類組合要適當通順為吉。若姓與名的意義，過於反比者，終使其產生神經質，或短氣，欠和合，被人排斥，乃至失敗。所以，字形及字義的影響，必須以先天生辰八字宿命及姓名數理的強弱旺衰為基本，與唸音五行的靈意，一併輔佐調合其過或不足的程度。因此亦無必要過於重視字義，以配合順意好唸即可，切莫執意。好比：命名「黃金萬」或「錢春億」，是不見得一定很有財富的。

姓名學的亂象

有很多人都問我，為什麼聽了那些大師買了招財開運吉祥物，為什麼還是沒有效呢？例如：貔貅、玉、水晶、開運印章等等有的沒有的開運東西。其實這些為什麼沒效，我在之前已提過多少次，在此我就不再累贅，因為信者恆信，不信者迷信，有時跟教育有很大的關係。因為坊間道聽塗說的實在太多了，這是屬於專業領域問題，如果你不求甚解以為那些東西有效果，而把半知半解的訊息傳遞口述給下一位朋友，就這樣一傳十的亂傳下無形中你已經造業了，你自己卻不知，當然未招財已經注定要破財了，這就是因果。

當然在法律中有分善意和惡意（惡意就是你已知道，善意就是不知情），既然你已經知道卻又不制止又分享給無辜朋友，你就是加害行為，就是佛家講的業障，命運就是如此的奇妙，總總的不順都是自己所造成，不要去怪東怪西，如果你要避邪就應該要先問自己，自己做了甚麼，因為心中無邪不怕鬼．如果你要求招財時先問自己，自己努力了多少的善事和惡事的加總，所謂積善之家必有餘慶。如果你能了解應該就不會有命運的枷鎖了。

申言之，民間改名不論中港台澳等四地，以台灣為最流行改名，一般而言相信改名能夠帶來好運，甚至在某部份的人心目中改名還能改運，但是其中出現相當多的繆誤，所以姓名對於全體的命運，其實是微乎其微，但因為世人投機心，想要不勞而獲，所以想藉由改名而改運，也因此讓江湖郎中大賺一筆了。什麼方法可以改運、造運，這必須了解命運原理才行，而世人不求勝解，只一味迷信，所以改名之風盛行原因在此。命運乃是一個人的過去世和過去的善惡造作來的，而好命運命其實就是好壞的因果報應，而世人不明此理，以為改個名就可以高枕無憂，這是個幼稚的想法。

姓名學在目前可說是非常的風行，而這是因為人們大肆炒作出來的結果，因為它在五術的範圍裡面可說是最容易學的，一般人只要跟老師學幾個月、或者買幾本書來看，再加上炒作自己的名氣後、就能成為姓名學的大師或者是自稱權威了，而對於姓名學的根本究竟意義，則顯少人能以哲理的心態去研究。而事實上姓名學要研究的圓融，必須要有相對論的命理哲學觀，爾後再研究易經、陰陽五行的生剋制化，且必須要有五行易占卜的扎實底子及經驗。

看到了許多人聽信了命理師的話、命運不順遂也怪罪於名字，家庭不合睦也怪罪於名字，犯桃花也怪罪於名字，身體不好也怪罪於名字，事業、財運不好也怪罪於名字，讀書、考試不好也怪罪於名字，陰陽宅有問題也怪罪於名字，舉凡人事物的林林種種、如有不順利，則全部怪罪於名字不好，從不知從自己來作改變，而如此一來命理師才有錢賺，而搞的人們心生煩惱、惶恐不安，以至於名字一改再改而無所適從，真是應了佛菩薩所說的眾生被煩惱無明所掩蔽，更何況是於現在末法時期的眾生。

一個人的命運是由冥冥之中的天命在主宰，此天命超乎八字之上、有一部份與人之道德修養有關，並非是區區改一個名字就能夠扭轉乾坤天命、我曾經與多位在幫人改姓名的老師聊天，聊到最後竟然連他們自己也不相信改名後是否真的有效。而他們這樣的行為已造成自身因果福報受損，往後會有惡運降臨。

基於我對五術命理的使命感，我一直在思索姓名學的存在意義，某一日我在家中、北極玄天上帝的供佛桌旁靜思，忽然靈感如湧泉般的出來，而想到把易經及五行易融合於姓名學當中，易經之卦為體、五形易之生剋為用、並以之推大運及流年流月，體用兼備，再配合陰陽之理，出生太歲及三才五格其中的生剋制化、筆劃數理、字義……等。再從出生的八字中，以四化紫微斗數看哪個宮位較須用姓名來輔助。但是歸根究底姓名的數理及字義只是影響潛在的心理精神層面，並不能完全代表物質面，它只是天地間無形的氣對於人心態的感應、它只是代表你較聚緣的氣是那種陰陽五行，但是沒有絕對的吉凶，總論姓名學乃相對論，吉凶及運勢是取決於個人的天命果報及個人的處事方法。

例如天格剋人格，一般人只以為長上輩或父母對自己不利或無緣，但是為何不用另一個角度去想，父母會管束關心我的行為，使我不去做壞事，而天格也代表上天、道德倫理，如此也可解釋為上天要磨練我、或解釋為我被道德觀念規範住，所謂玉不磨不成器，天將降大任於斯人也、必將苦其心智、勞其筋骨。且看古今之偉人或成功的人，難道他們的一生都一帆風順嗎？又例如世爻持兄弟神，兄弟乃劫財神，一般人只以現實面認為此人、財不聚、喜好花錢，但從另一個角度來看，也可說此人交友廣闊、如民意代表、立法委員、其必須要廣結善緣急公好義，故而較不吝嗇，不執著於金錢、而能佈施、才能夠得人和，有事情的時候才能夠得到朋友的幫助。至於名字只是一個代號，只是要容易分別出男或女，稱呼是否雅觀，是否能給人深刻印象，及父母對於此人的期許，其字義通常也只是感應此人的個性心態趨勢而已，無絕對的吉凶。姓名學之感應，於一般人而言，只能當作心裡精神層面的輔助而已，而其字義只是對自我的勉勵，如諸葛亮，字孔明。孔明乃意謂洞察一切，智慧開明之意。因其乃身為軍師，以孔明自稱恰如其分，也以此名自勉之。

常見很多人改名字後，其名字看起來及聽起來都很奇怪、而且筆劃又難寫、很不自然，字面上又沒有意義，已經與古聖先賢之哲理背道而馳了，走入了五術的死胡同裡，而跳脫不出來。一個名字寫出來即代表一個卦的表示，但是卦亦無絕對的吉凶、卦辭只是提醒你要如何做才能夠趨吉避凶、以合乎中庸之道，而吉凶還是取決於自己的行為。例如孔明其易經卦為雷地豫：豫，利建侯行師。彖曰：豫，剛應而志行，順以動，豫。豫順以動，故天地如之，而況建侯行師乎！天地以順動，故日月不過、而四時不忒。聖人以順動，則刑罰清而民服。豫之時義大矣哉。爻辭曰：由豫，大有得，勿疑，朋盍簪。其白話的解釋為：以陽剛承柔弱之後而主天下事，天下由它而致豫，而所有柔弱的陰爻都順附於它這個陽爻，它的志願得以暢通無礙，但必須要以誠心寬大待人而不自生疑心，如此則能使志同道合的朋輩迅速的集合團結起來。此卦辭爻辭與孔明的當時心境及作法可說是相當吻合。先聖讓五術命理存在的目的是要解除眾生的煩惱、使眾生各安其業，而不是要製造煩惱給眾生，因此不管是那一派的姓名學，都應該本著此原則而為眾人服務，才不至於濫用五術而落入因果之中，所謂善惡業報、如影隨形。

筆劃數之門派概論

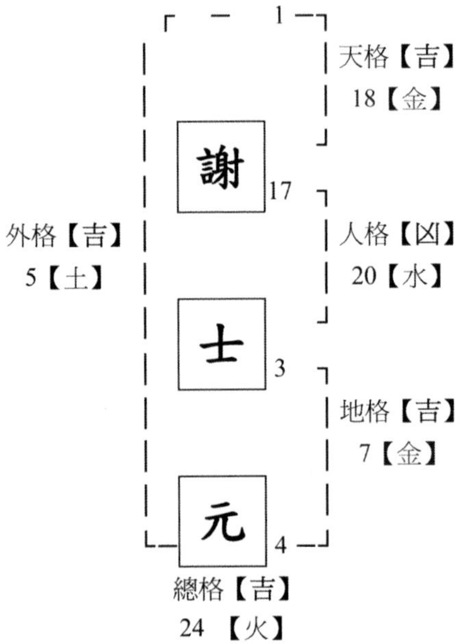

相信大家都有去算過免費姓名學，可能會覺得，不管到哪家算命館，每家算命館所算出的結果都不一樣，其實這是很正常，因為每位老師所學派系不一樣的結果，很多人的名字已

改過好幾次，每次改名後，要重辦很多證件，印章也要換，實在很麻煩，因為派別之間有所衝突，大家的看法皆不一，同樣的名字，有的學派認為是好的，另一個學派可能就不這樣認為。那你何必當冤大頭呢？

以「姓名總筆劃」、「五格總筆劃數」之吉凶關係為主之門派，主要參考日本熊崎健翁歷經二十餘年反覆研究、統計、整理而出的總筆劃數、五格筆劃數吉凶為主要依據（思想起於中國宋人蔡九峰；農民曆上所載之八十一筆劃數即熊崎氏之研究結果），並以現代社會人士因受各格筆劃數之靈動力而受災、蒙冤、暴斃、安泰或大展宏圖為例，對於五格之間的生剋關係較鮮講究。

例如，五格之中（天格數、人格數、地格數、外格數、總格數）：

數理含大吉（健全、幸福、繁榮、名望），有1、3、5、6、11、13、15、16、21、23、24、25、29、31、33、35、37、39、41、47、48、52、57、61、63、65、67、68、81。

數理含中吉（正義、精進、勤奮、耐勞），有7、8、17、18、32、45、57、58。

數理吉力居6成、凶力居4成，有27、36、38、42、49、50、51、53、55、71、72、73、75、77、78。

數理吉力居4成、凶力居6成，有2、19、30、40、79。

自然得受洪福而易成樂逸成功吉數，有1、11、13、21、23、31、33、37、39、48、52、57、67、71。

終因克苦奮鬥而有所成就吉數，有3、5、6、7、8、15、16、17、18、24、25、29、32、35、37、39、41、45、47、58、68。

洪福隆昌之首領數（一般此數理對女子感情婚姻不利，然而若不與他格相剋，用於女性亦同大吉），有21、23、33、39。

越挫越勇之吉數，有7、17、18、25、27、37、47。

能發揮才智或因努力而成為大財富者之吉數，有5、15、16、24、29、32、33、41、52。（15之數若予出身貧戶者，將堅定意志及實踐力，以致成功。）

溫和雅量且外緣殊勝之吉數，有5、6、11、15、16、24、31、32、35、48、63、65、71。

較可能於虛歲36前即成功之前運吉數，有1、3、5、6、11、13、15、16、23、24、25、31、32、33、45、52、61、63、81。

較可能於虛歲36後而大成功之後發吉數，有7、8、17、29、37、39、41、44、47、48、57、58、67、68。

大福份足以蔭益家庭之吉數，有3、5、6、11、13、15、16、24、31、32、35、37、41、47、48。

個性良淑兼具賢聲之女德吉數，有5、6、15、16、35、37、41、48、57、67。

本身重視外表而特具魅力之數，有4、12、14、15、18、24、25、31、37、41、51、55、57、61。

純粹論筆劃數時，傳統上，姓名學皆以《康熙字典》上所載「部首」筆劃數為主，此是眾多研究者所主要的主張。但是，亦有者以今日「手寫」筆劃數為準。以部首演算法為主，手寫演算法為輔；計算吉凶時，若以部首和手寫等兩者批註之結果皆凶，即應另外取名。若其中之一為吉，仍可安心。各家姓名學研究者皆視人格數為評判重點，次論外格數與總格數。

天格：（一）16歲之前（二）先天運、祖先運、夫運（以妻論）

人格：（一）17至26歲運（二）前半生之主運與成功運

地格：（一）27至36歲運（二）基礎運、妻運（以夫論）、子女運

外格：（一）代表家庭運（二）代表人際關係運

總格：（一）37至66歲（二）中、晚年（後半生）主運

五行生剋之門派概論

以「五格之五行相生剋與天運五行」之影響的門派，則依統計而指出：李登輝、宋楚瑜、俞國華、李煥、李遠哲、郭台銘、施振榮、施崇棠、張忠謀、吳伯雄、劉兆玄、吳敦義、李元簇、錢復、賴明詔之姓名人格或及總筆劃數有凶和大凶，於政界和商界中或有數年稍失意，但大致上俱現平步青雲或一帆風順之象，認為三才或五格之間的五行相生是抵消筆劃所隱凶數的主因。

首論五格之間的五行相生剋之研究，以各政商名流之姓名為依據，熊崎氏對於個性、精神、家庭婚姻、長幼互動、親友外部有準確性（即天格、人格、地格，通稱「三才」），但關於事業、財運、健康及運勢興衰，則不應以吉凶數來論定，而須同時著眼於五格之間的五行相生剋。

天格數姓氏筆劃再加一數即是天格數（若是複姓，將姓之筆劃合計）；例如花姓之人，從部首演算法即10，再加1，11即是天格數。由於天格數與求問者所降生之家庭或未出世即產生關係之因素有關，屬先天運，於造運上不完全具主導性，無吉凶或好壞之別。研究者是重視天格與人格之相生剋關係。

人格數將姓氏與第一個名字相加即是人格數（若複姓雙名，則姓氏的第二個字筆畫加名的第一個字的筆畫；複姓單名則姓氏的第二個字加名的筆畫），例如花木蘭的姓氏是花，有10劃，第一個名字是木，有4劃；10加4，14即是人格數。人格數在姓名三才或姓名五格居中，是姓名學界裡被視為最關鍵之格，靈動力產生於虛歲31至45之15年間，又可稱為主運；可判求問者之長輩、上司之緣份。研究者是重視人格與天格、地格、外格、總格之相生剋關係。

地格數將第一個名字與第二個名字相加即是地格數（若是單名，將名字再加一數）；例如花木蘭的第一個名字是木，有4劃，第二個名字是蘭，有23劃；4加23，27即是地格數。地格數屬基礎運，可判求問者之子女、部屬之緣份。研究者是重視地格與人格、總格之相生剋關係。

外格數將名字最後一字加一數即是外格數；例如花木蘭的名字最後一字是蘭，有23劃，再加1，24即是外格數。外格數屬配偶運，靈動力產生於虛歲46至56之10年間，或稱副運，可判求問者與配偶之緣份及財利運、社交運。研究者是重視外格與人格、總格之相生剋關係。

總格數將姓與名相加即是總格數；例如花木蘭的姓與名筆劃數相加，10加4加23，共37

劃，37即是總格數。總格數對求問者具終生影響力，靈動力最強期間為虛歲56至終了；亦有者指出總格數之靈動力最強時於虛歲49至60。研究者是重視總格與人格、外格之相生剋關係。

有關「三才」（天格、人格、地格）之配置，有數個相生剋是否吉凶格局可供確實參考：由下而上，相生為吉：「三才」中的天格與人格相生，接著人格再與地格相生。例如，天格屬水，人格屬金，地格屬土，成「土生金」、「金生水」，為基礎安泰、能發揮才幹、易向上發展，順利成功。

由上而下，相生為吉：與前一例相仿。例如，天格屬木，人格屬火，地格屬土，成「木生火」、「火生土」，對後生晚輩有愛護之心、因努力上進可獲成就，亦受父祖餘蔭、受長輩愛護，有發展的實力。

上下生中，相生為吉：三才中的天格與地格皆相生予人格。例如，天格屬木，人格屬火，地格屬木，成雙重「木生火」，為基礎安定、可發揮才能、受餘蔭和長輩愛護，順遂成功發達。

由中生上下，相生為吉：三才中的人格、天格與地格相生。例如，天格屬木，人格屬火，地格屬木，成雙重「火生木」，對部屬有愛護之心、努力上進、易發展、獲順利、致成功。

有二格的五行屬性相同並且由上或下，相生為吉：例如，天格與人格同屬性者，天格屬金，人格屬金，地格屬土，成「金金土」，可得同性相輔之助，能獲順利成功；人格與地格同屬性者，例如，天格屬木，人格屬火，地格屬火，成「木火火」，基礎穩固、身心安泰、平安幸福。

有相剋，符合天地自然狀態為吉：例如，天格屬水，人格屬木，地格屬土，成「水木土」，與大自然循環狀態相符，為吉兆。

各家算出五格的方法一致，差異在是以「五行相生剋」或「筆劃數吉凶」為造後運的基礎。首論五行生剋之門派認為，五格生剋達致中庸或合宜，雖然筆劃數吉凶與字形寓意原本是有影響力的，如果配置得宜，足以使得凶數無可發揮；但同樣強調人格數最具關鍵地位。

生肖姓名門派學概論

生肖姓名學是以生肖地支五行及天干五行為主體，姓名為客體交互對照，所產生之「生肖喜忌」、「五行生剋」、「三合」、「三會」、「沖」、「刑」、「破」、「害」；再加上「造字學」、「拆字學」、「春秋禮數」、「萬有引力」及「姓氏本命八字」，綜合所有原理未論斷其吉凶禍福之學。先賢盡力在大自然的變化中探討規律，在萬變中求不變的定律，為我們人生旅途中，找出一條可循的軌道。而姓名學就是其中一環姓名學由文字構成，代表了一個人的形象與特色，姓名就是生命的表徵。

漢字源自象形，象形又取自於自然，漢字是中華文化的根，字字靈魂，名字雖僅是一個人的符號，代表了一個人的形象與特色，是生命的表徵，字的靈魂及意義則伴著每一個人的一生。有人說，人從母體生出來，接觸到這個世界，他的先天命就無法更改了，唯有屬於後天的姓名，它的靈動力，可以稍微補強先天八字的不足。其影響力雖輕，當八字流年不順時，好的姓名無形中亦可以補強個人的運勢，雖然是微乎其微而已。

一般傳統命名是以所謂之出生、年、月、日、時為依據，而生肖姓名學，乃是以姓氏搭配生肖而推斷出其本命因果八字，借以了解其祖蔭、祖先牌位及風水好壞，也就是說其所強調的為「是誰所製造的」因果關係，而非一般傳統八字，若以一般八字原理而言，以大中華地區，每個時辰有四千的人出生，照理而言，八字皆相同，若以此論之，豈非有四千個人八字皆同。但生肖姓名學更重視是由誰所製造的，相信大家都了解，同樣八字的人，出生在「郭台銘」、「李登輝」、「連戰」、「辜家」及我們一般平凡人的家裡，命格及出發點是絕不相同的，所以環境因素佔大部分。而每個姓氏，所生的生肖，冥冥中自有注定，而生肖姓名學既然可從姓氏看出因果關係，當然也能透過姓氏及生肖中穿透什麼姓氏生什麼生肖較好，什麼姓氏生什麼生肖較不理想，也才有「生對生肖好六年、生錯生肖衰六年」之一說。

不過生肖學有很多迷思，因為生肖學分類最簡單，最容易被口耳相傳，因此各說一套、眾說紛紜。而且現在網路很容易寫文章，很多來源和出處都不可考，如果讀者要使用生肖姓名學取名，一定要思考合理性，以及「逆向思考」是否可取。以科學的角度來看，生肖只有十二組，但全世界的人口超過六十億以上，是否每五億人都適合相同的字呢？答案當然是否定的。所以生肖姓名學有可信，也有不可信的部份，需要大家去考究原因，不可盡信。如「龍爭虎鬥」的說法，有人說屬龍之人不可用虎的字跟，因為會照成龍虎相鬥，讓性格大變。但也有人說，「龍兄虎弟」，屬龍的人如果有屬虎的幫助，可以相得益彰，所以屬龍的人在名字當中加上虎的字根，可以強化能量。這種兩極化的說法充斥在生肖姓名學當中。例如：生肖屬豬的人，從傳統的生肖姓名學來看，名字不可以有刀這個字根，這是因為「豬」怕「刀」。但是，反觀十二生肖，有沒有哪一個生肖不怕「刀」？答是是「沒有」。因為十二生肖的動物都害怕刀，那麼用這個生肖姓名學來取名，有意義嗎？

再舉一個例子，生肖屬羊的人，不喜歡有「ㄨ」的字根，例如：「文、玟……」，因為羊如果「腳打ㄨ，代表不健康」。但是請在想一下，十二生肖有沒有哪一個動物，腳打ㄨ是健康的，答案是「沒有」。這種從正面來看好像是真的，但是從逆向思考，就會出現不適用的情況。之所以會有這些說法，是因為中國古代是農業社會，相關的這些來由都是採用民間故事的說法，因為它最容易簡單好懂，也易被以訛傳訛，至今流傳下來，已有許多不可考信之說。故取名還是要回到一個人的八字去看命格上的欠缺、紫微命盤去看一個人的性格和優缺點，並且要加上中華文化，這樣才會姓名學取名的根本。

再者，生肖姓名學顧名思義就是針對生肖來取名。生肖是什麼？是指年份。生肖的緣由典故何來？生肖起源於中國，是華夏先民動物崇拜、圖騰崇拜以及早期天文學的結晶。而十二地支【子丑寅卯辰巳午未申酉戌亥】的產生時間是比生肖【鼠牛虎兔龍蛇馬羊猴雞狗豬】的產生時間來得更早，生肖是對十二地支的附會。取名是好事喜事，名字在我們生活周遭無處不用，正名則言順，名不正則言不順！但是如何取名，以何種方式取名，是有須要深思而後行的。我再以六大派的姓名學準確度統計比較：

每一派都不是很準，每一派都只是統計學！

筆劃派：認為筆劃全吉，人生就大吉。其實準確度僅十二・五%

三才派：完全不管筆劃吉凶，只認為天地人三才五行相生，人生就大吉。其實準確度僅五十六・六%。

補八字：完全不管筆劃吉凶，只認為名字補到先天八字命盤欠缺，人生就大吉。其實準確度非常低。

卦象派：完全不管筆劃吉凶，只認為名字求出卦象漂亮，人生就大吉。其實準確度僅四十．二六%。

天運派：完全不管筆劃吉凶，只認為名字不要被出生年天運五行所剋，人生就大吉。其實準確度僅二五．三二%。

生肖派：完全不管筆劃，只認為生肖用對字形，人生就大吉。其實準確度僅二七．五五%。

納音與字形含義之門派概論

除了有以「五行納音」（音韻五行）生剋與生肖特性為參考之研究者，尚有以「字形」所隱含義或分拆且對照「流年運勢」來批命造運之門派。使用上，姓名以呼喚而傳播聲與韻，比字形更為常用，應該喻意宏大雅緻，即使諧音亦不粗俗卑劣，是姓名學裡重要之一環；音韻以五行區分，有個別對人類的影響力（姓名學稱「靈動力」）：字音韻的靈動：音韻的五法是以宮、商、角、徵、羽來分類。牙音為木、舌音為火、齒音為金、唇音為水、喉音為土。換言之，歸於木性之音韻（牙、角），有ㄍ（g）、ㄎ（k）、ㄏ（h）、ㄫ（w）。歸於火性之音韻（舌、徵），有ㄉ（d）、ㄊ（t）、ㄋ（n）、ㄌ（l）。歸於土性之音韻（喉、宮），有ㄚ（a）、ㄧ（i）、ㄨ（u）、ㄝ（ye）、ㄛ（o）、ㄩ（yu）、ㄜ（e）、ㄡ（ou）、ㄞ（ai）、ㄟ（ei）、ㄠ（ao）、ㄢ（an）、ㄣ（en）、ㄤ（ang）、ㄥ（ong）、ㄦ（er）。歸於金性之音韻（齒、商），有ㄐ（j）、ㄑ（q）、ㄒ（x）、ㄓ（zh）、ㄔ（ch）、ㄕ（sh）、ㄖ（r）、ㄗ（z）、ㄘ（c）、ㄙ（s）。歸於水性之音韻（脣、羽），有ㄅ（b）、ㄆ（p）、ㄇ（m）、ㄈ（f）。

另一說法如下：現在姓名學已經很少人使用字音五行了

金：ㄖ、ㄑ、ㄒ、ㄔ、ㄕ、ㄗ、ㄘ、ㄙ

水：ㄅ、ㄆ、ㄇ、ㄈ、ㄏ

木：ㄍ、ㄎ

火：ㄓ、ㄐ、ㄌ、ㄉ、ㄊ、ㄋ

土：ㄚ、ㄛ、ㄜ、ㄝ、ㄞ、ㄟ、ㄠ、ㄡ、ㄨ、ㄧ、ㄩ、ㄢ、ㄣ、ㄤ、ㄥ、ㄦ

姓名學辯正

姓名學實在好笑，為什麼好笑呢，上星期日幫一位朋友命名，我排了紫微斗數與子平八字，也選了五組好名字讓她挑選。結果，她今天來跟我說原本很喜歡杜浩辰，但有人告訴她說屬龍的不能有口字型，其實我也不太想多解釋，因為之前的文章我就有說過姓名學的派系問題，不過她還是從我五組名字裡面挑選了那位朋友建議的好名字，杜孟霖，但到最後因兒子媳婦喜歡，結果還是選了杜浩辰。

其實生肖姓名學有很多矛盾的地方，我藉此機會再點醒一些自以為是的朋友，俗諺云：「地理不精，斷人財丁；命理不精，誤人前程；醫理不精，害人性命。」若從生肖姓名學來命名的話，這派系它會告訴你，如果你是屬龍；首先要了解龍的特性，才能了解名字的好壞。龍喜歡得日月精華，披彩衣為佳，能得王掌權最佳，又戴冠，得水最棒，能天上飛，能得鼠、得猴，成三合局—名字中如有符合下述條件者為好名。

一、宜選用有「氵」、「水」之字根，因龍喜水，龍得水，亦適得其所，一生能發揮所長，做什麼像什麼。

二、名字宜有「王」、「大」、「君」、「主」、「帝」、「一」、「令」、「主」、「長」、「上」、「首」、「天」之字根，因龍在中國人心中的地位為最大，宜稱「龍王」，發號司令，不宜稱小，表一生能成為別人的貴人，受人尊敬。

三、宜選用有「申」、「爰」、「袁」、「子」、「馬」、「午」、「鳳」之字根，因申、子、辰三合，龍與猴、鼠為三合局，因龍與馬在一起，會有「龍馬精神」、「龍飛鳳舞」的幹勁，會積極努力開創前程。

四、宜選用有抬頭的字根，如「去」、「𠂆」「亠」，因龍喜歡抬頭，可展露其威，容易成為領導人。

五、名字宜有「日」、「月」的字根，因龍喜得日、月為其最愛，可增加肖龍者的內心世界充實感及精華，表一生中非常有才華。

六、宜選用有「星」、「雲」、「辰」的字根，因為龍喜行於天空，而與日、月、星、辰為伍，表可得貴人相助。

所以龍喜十一劃的字型有海、浙、浮、浩、琉、珮、珠、珪、凰、將、常、彩、晞、統、紳、翌、翎、習、婕、婧、笭、翊。你有發現裡面是不是有浩字。結果，它又說如果名字中有以下所舉例之字形，就表示名字有破格。

一、屬龍之人避免有「廴」、「弓」、「川」、「几」、「巳」、「邑」、「虫」的字根，會有龍降格為蛇之感，由大變小，地位降低很不是味道之意，膽小懦弱無助。

二、屬龍之人避免有「宀」、「戶」、「門」之字根，因為龍不喜洞穴，有被困住的感覺，怕才能無法發揮。

三、屬龍之人避免選用「艸」、「平」、「冊」之字根，龍不喜落入草叢，有龍困淺灘之意，怕才能無法發揮。

四、屬龍之人避免選用有「田」、「甫」之字根，龍也不喜歡下田，有受困之意，易受人陷害。

五、屬龍之人避免選用有「戌」、「成」、「犬」、「國」、「犭」之字根，因辰與戌正沖，犯了正沖，是生肖姓名中的最會與人爭執的字根，一生中看不順眼的人一大堆。

六、屬龍之人避免選用有「山」、「丘」、「虍」、「艮」、「寅」的字根，會犯上了「龍虎鬥」，一生中容易與人有爭執。

七、屬龍之人避免選用有小「口」之字根，會形成「困龍」之意，事業、感情均會被困住。

八、屬龍之人避免有「卯」、「兔」之字根，因為「玉兔見龍，雲裡去」，地支卯辰相害，一生中小人不斷。

九、屬龍之人避免有「心」、「月」、「忄」之字根，都為「肉」形之意，而龍乃不食人間煙火，葷肉對其而言，更是糟蹋。

十、屬龍之人避免選用有「臣」、「士」、「相」、「人」、「小」、「少」、「工」、「卒」之字根，會使龍降格為臣、為士、為人之意，由尊而卑，氣勢下降，志氣會被磨掉。

這矛盾的地方，其實是學藝不精的人所造成，為什麼這麼說？首先我們要先了解浩字的意義與典故。浩字五行屬水，形聲。從水，告聲。本義：水勢浩大，又如浩蕩的長江，浩瀚意為水勢廣大的樣子，浩瀚大海，又有廣闊宏大，浩浩的宇宙。再舉例，水勢很大，浩浩湯湯，亦作浩浩蕩蕩。宋•范仲淹《岳陽樓記》所以外面三腳貓工夫的姓名學大師實在很多，真是會害人誤己，他們還開館論命，說甚麼命名改名，給你一個好名字，其實是欺負你們不懂啦。不管怎樣，我問心無愧就好，也希望藉此揭開命理詐騙手法並分享研究心得與經驗外，也能釐清命運、算命、紫微及姓名學等原理，進而幫助您建立更正確、更理性的命理觀念。

命名最新部首與筆劃

姓名文字筆劃計算方法，在整個姓名預測學中，佔有重要位置，因筆劃計算錯誤，所測姓名就全部出錯。在算筆劃時，要按照康熙字典上的字劃為準。而在姓字學文字部首這一方面筆劃數，亦有特殊的規定：

文字部首：

扌（手），提手旁：以手字計為四劃。

忄（心），豎心旁：以心字計為四劃。

氵（水），三點旁：以水字計為四劃。

犬（犬），犬字旁：以犬字計為四劃。

礻（示），半禮旁：以示字計為五劃。

王（玉），斜玉旁：以玉字計為五劃。

艸（草），草字頭：以早字計為六劃。

衤（衣），衣字旁：以衣字計為六劃。

月（肉），肉字旁：以肉字計為六劃。
辶（走），走馬旁：以足字計為七劃。
阝（邑），右耳旁：以邑字計為七劃。
阝（阜），左耳旁：以阜字計為八劃。

◎一劃（畫數指該字繁體時的畫數，下同）

一、乙。

◎二劃

七、八、二、人、刀、丁、了、力、卜、十、入、九、又、乃、刁、几。

◎三劃

三、小、大、万、千、士、川、山、子、上、下、土、也、才、弋、久、寸、女、巳、己、工、于、刃、口、夕、凡、干、丸、弓、丈、巾、勺、也、兀。

◎四劃

天、化、什、方、及、水、戈、匀、孔、云、丹、井、今、仇、亢、互、分、公、孔、亢、勾。中、之、丹、井、介、今、內、及、太、天、屯、斤、牛、丑、支、允、元、勿、午、友、尤、尹、引、文、月、日、牙、王、牛、四、仁、切、升、收、壬、少、心、手、日、氏、水、尤、仍、双、尺、止、才、不、互、分、匹、化、卡、卞、反、夫、巴、幻、戶、方、木、比、毛、火、片。

◎五劃

古、切、可、瓜、甘、刊、五、丘、加、去、句、叫、外、巧、巨、玉、甲、令、加、占、主、巨、冬、他、代、只、仗、另、句、召、尼、正、田、旦、奴、凸、立、叮、仝、伏、台、奶、凹、五、外、央、右、未、永、以、戊、玉、瓦、由、幼、仕、巧、丘、仙、兄、司、且、史、左、世、出、市、玄、仔、冉、穴、示、生、申、充、主、仞、仟、冊、加、去、只、叫、求、正、甲、申、石、匝、甩、丙、平、母、弘、末、包、本、弗、北、必、丕、半、布、皿、目、乏、禾、皮、疋、矛、乎、付、兄、卉、戊、民、冰、玄、白、卯。

◎六劃

伉、光、匡、共、各、考、交、件、企、伍、伎、仰、吉、圭、曲、艮、六、仲、吉、州、朱、兆、決、匠、地、旨、朵、吏、列、年、劣、同、打、汀、至、臼、竹、老、舟、伎、吊、吏、圳、的、宅、老、肉、伊、仰、伍、印、因、宇、安、屹、有、羊、而、耳、衣、亦、吃、夷、奸、聿、丞、企、休、任、先、全、再、沖、刑、向、在、夙、如、宅、守、字、存、寺、式、戌、收、早、旭、旬、曲、次、此、求、系、肉、臣、自、舌、血、行、圳、西、休、交、件、企、匠、吉、尖、而、至、色、伏、後、名、回、好、妃、帆、灰、牟、百、伐、亥、冰、刑、合、向、旭、系、行、汜、份、米。

◎七劃

克、告、改、攻、更、杆、況、伽、估、君、吳、吸、吾、圻、均、坎、研、完、局、岐、我、扣、杞、江、究、見、角、言、住、占、低、佃、況、裏、冷、伶、利、助、努、君、吝、昌、壯、妓、妞、局、弄、廷、弟、彤、志、托、杖、杜、呆、李、江、男、究、良、見、角、具、皂、舟、佟、你、足、甸、町、豆、吞、玎、位、佐、佘、冶、吾、吟、吳、吻、完、尾、巫、役、忘、我、言、邑、酉、吟、吳、研、呆、角、七、伸、佐、作、些、伽、些、初、吹、呈、坐、孝、宋、岐、希、岑、床、序、巡、形、忍、成、杏、材、杉、束、村、杞、步、汝、汐、池、私、秀、赤、足、身、車、辰、系、占、伺、住、助、劭、劬、邵、吸、坐、壯、妝、局、床、志、汕、江、灶、見、即、卻、克、早、何、布、伯、伴、佛、兵、判、別、含、坊、阪、吵、宏、旱、每、甫、牡、況、免、孚、孝、尾、巫、希、庇、形、忙、杏、呆、步、汎、貝、兒。

◎八劃

供、侃、刻、卦、固、坤、姑、官、岡、庚、快、抗、昆、果、空、亟、其、具、券、卷、奇、委、季、宜、居、屆、岢、岸、傑、佳、京、侄、佳、來、例、制、到、兔、兩、典、卷、周、呢、坦、奈、妮、宙、定、居、屜、帖、底、店、征、忝、忠、念、技、投、政、枝、東、林、汰、決、玖、知、的、直、糾、金、兩、乳、侏、佰、侗、佻、佬、具、冽、卓、拈、姐、妯、宕、岱、帖、帙、底、抒、林、杼、竺、長、依、侑、味、夜、委、宜、宛、岸、岩、往、亞、武、於、易、昂、旺、沅、沃、汪、物、艾、臥、佯、兒、抑、昫、炎、杳、事、享、侍、使、侈、然、剎、刺、協、卒、洽、沁、取、受、步、垂、奇、始、炊、姓、妻、妾、尚、屆、弦、所、承、昌、升、昔、松、欣、沙、沈、社、舍、炊、采、長、青、幸、亟、徇、佳、舍、兒、爭、其、刷、券、制、效、卷、姐、姒、姍、季、炙、宗、屆、岫、征、承、昔、析、枕、狀、八、並、佩、函、和、命、坡、坪、奉、孟、帛、水、府、佛、彼、忽、或、戽、房、扮、枇、扶、放、昏、朋、服、明、杭、杯、枚、板、沛、沐、汾、版、牧、虎、門、阜、杷、盲、非。

◎九劃

冠、奎、皈、客、故、柑、柯、況、看、科、肝、革、屋、癸、砍、禹、軌、頁、九、亭、亮、柱、俊、侶、冒、段、勁、南、姬、姣、宦、帝、度、痔、建、峙、待、律、怠、急、招、拒、拓、拙、拉、昭、架、柱、柳、注、治、炭、界、皆、突、紀、紂、耐、肚、致、計、訂、軍、酊、俐、冑、百、厘、咨、姝、姿、柁、沱、炭、妝、紂、重、玨、盅、眈、俄、俞、勇、威、娃、姻、姚、姨、屋、幽、彥、奕、哀、哇、玟、怡、押、映、昱、韋、油、泳、沿、姚、畏、煙、盈、禹、約、耶、衍、要、頁、音、昱、易、柚、胤、易、信、俠、系、俗、促、俏、前、則、奏、型、姹、妊、姝、姿、室、宣、巷、咱、哉、思、性、施、昨、是、春、星、查、柴、柵、柔、染、泉、帥、甚、相、省、砂、祈、秋、穿、肖、重、首、酉、食、香、侵、俟、峙、旭、注、沐、炷、祉、貞、昌、泓、侯、保、便、冒、勉、匍、奔、品、佩、杯、封、哈、皇、拔、抱、怕、柏、柄、泌、法、泡、炳、玫、盆、眉、紅、美、虹、秒、表、負、面、風、飛、眄、胃、勃、厚、叛、孩、奐、屏、枰、某、河、泛、赴。

◎十劃

庫、恭、拱、格、桂、根、耕、耿、股、肯、貢、高、個、剛、哥、宮、徑、掛、臯、徑、徒、倜、恬、拯、指、拿、料、旅、晉、朕、桌、桔、桃、桐、洞、流、洛、酒、烈、特、玲、珍、真、矩、祝、秩、租、站、級、紙、納、紐、者、肩、芝、記、討、酌、酒、針、釘、只、挑、借、倒、值、俱、倪、倘、倫、兼、唐、哲、娘、旃、娟、娜、展、峻、准、淩、洲、套、爹、特、留、倆、倜、庭、恫、恥、烙、料、栗、株、津、玳、畜、砧、恩、按、案、烏、洋、秧、翁、紋、耘、育、芽、芸、蚊、袁、煙、倚、原、員、埃、宴、峨、倚、娛、容、峪、晏、移、益、差、師、席、座、徐、恰、息、恕、肩、持、拳、拾、時、書、曹、校、朔、桑、栽、殊、氣、洽、珊、祠、神、祖、秦、秤、索、素、紗、紓、純、虔、訖、訓、財、起、軒、芩、閃、迅、倩、幸、修、倉、城、夏、孫、宰、容、射、峽、厝、叟、奚、畜、春、乘、借、准、淞、宵、指、拭、牲、洵、洳、狩、茲、珊、炸、租、站、宸、挈、旁、晃、桓、活、洪、畔、畝、眠、破、炮、秘、粉、紡、肺、肥、航、般、芳、芙、花、配、馬、侯、倍、俯、俸、們、圃、埋、娩、峰、肪、畔、埔、害、恢、恍、恒、柏、派、洹、玻、泌、瑎、唄。

◎十一劃

珮、國、寇、昆、康、苦、袍、規、貫、夠、勘、啍、崗、梗、珙、偕、假、健、停、偵、剪、動、翎、念、基、堅、堂、堆、婧、寄、專、張、得、教、救、朗、條、梁、梯、械、梨、浙、浪、珠、略、皎、眷、窕、竟、第、終、累、舵、苓、架、訣、近、釣、頂、鳥、將、那、庶、振、挺、捉、捐、甜、祭、趾、圇、堆、淩、崍、帶、帳、徠、悌、晝、梁、梃、桶、町、婁、偉、偶、務、唯、問、婉、寅、尉、帷、庸、悟、悠、悅、敖、晚、梧、浴、眼、研、移、胃、苑、英、迎、野、魚、欲、浣、翌、圉、乾、做、區、卿、參、售、啟、商、唱、娶、婦、宿、崇、崎、崔、常、強、從、悄、敘、旋、晨、晟、族、消、爽、犀、祥、紳、細、紫、組、紹、婧、羞、習、邢、舷、船、茄、若、處、術、袖、設、訟、責、赦、雀、雪、頃、彩、常、孰、偵、匙、圊、執、將、專、就、崢、崧、巢、庶、彩、悉、施、曹、浙、笙、釧、阡、凰、毫、培、婚、婆、婦、密、彬、彪、患、斌、曼、海、浩、烽、班、瓶、畢、盒、符、邦、胡、背、胞、胖、舶、范、茅、苗、袍、被、覓、訪、貨、返、販、閉、麥、麻、邦、壺、票、冕、副、埠、屏、涵、捕、敏、皓、梅、第、珩、艴。

◎十二劃

敢、款、淦、筐、給、貴、辜、開、凱、昆、詒、詢、幾、蛟、植、堵、堤、奠、嵐、幀、掌、掘、捷、掏、掎、推、探、接、敦、景、智、晶、替、朝、椒、棠、棧、殖、淘、添、淡、淨、焦、街、診、理、荔、貶、貼、屠、貸、軫、迢、迪、迦、量、鈞、鈕、間、集、傑、勞、單、婷、喋、傳、塘、塔、暖、楠、殿、渡、湯、幃、幄、惟、掩、椅、涯、液、淵、焰、為、異、硯、圍、茵、越、阮、軼、雁、雅、寓、雲、雯、媛、喻、貽、婺、焱、琬、琰、佘、勞、博、堡、報、富、寒、嵋、帽、幅、幫、弼、複、彭、徨、偏、整、理、惠、扉、排、斑、酣、普、棉、棒、棚、混、淼、淮、淝、牌、畫、番、發、皓、脈、茗、評、賀、費、買、貿、迫、邯、閔、防、阪、黃、傅、傍、媒、媚、黑、瓿。

◎十三劃

匱、塊、幹、感、揆、手、楷、港、琨、莞、誇、鼓、該、賈、傳、僅、塗、塔、塘、廊、謙、提、敬、斟、極、楠、殿、湯、渡、絹、經、莖、莒、獲、蒞、莊、莉、蜀、裏、裝、解、詹、鼎、賈、路、跡、退、鈴、鉅、陀、電、雷、靖、頓、暖、楨、路、嫁、農、貯、貸、貼、軫、迪、鈉、湍、琳、當、略、鈴、鼓、庸、園、圓、奧、愛、意、揚、援、握、榆、業、楊、椰、湧、渝、渭、遊、煒、爺、煙、獸、猶、煜、碗、筠、義、肄、莞、莠、虞、蛾、裕、詣、鈺、雍、阿、預、飲、衙、瑩、蓊、暈、渥、琬、琰、畹、筵、畬、淡、催、傳、勤、勢、嗣、塞、嵩、廈、新、暄、楸、楚、歲、湘、測、湊、煦、琴、琪、琦、睡、祺、稔、稠、筮、粲、繡、群、聖、莎、裙、詡、詩、試、詮、詳、資、載、送、鉛、阻、雌、頌、馳、熙、暄、瓊、塞、嵩、想、楨、椿、歲、渚、煮、琛、莊、裟、輸、軾、幕、滙、惶、揮、描、換、楣、楓、湖、渾、渺、渙、煤、煩、琶、琥、盟、睦、碑、稟、聘、腑、荷、莫、號、蜂、補、話、酪、附、頒、飯、暈、募、煥。

◎十四劃

廓、愧、溝、管、綱、誥、閨、魁、構、歌、愷、斡、榮、構、嘏、通、連、這、甄、兢、喜、團、圖、獎、嫡、對、僚、僥、屢、嶂、嶄、彰、廖、態、溜、監、禎、種、端、箕、箏、精、綠、緊、綾、綸、置、璋、暢、榔、糍、滇、爾、萊、趙、銘、領、瑙、奩、聞、嫣、願、溫、源、溢、爾、瑜、瑛、瑗、瑋、與、舞、苑、誘、語、郢、銀、搖、榕、榮、溫、滎、溶、菸、菀、鞅、瑛、僖、逑、速、逍、腎、壽、塾、塵、嫩、實、像、僑、嶇、慈、滋、滄、溶、溪、熊、獅、瑞、瑟、碩、算、粹、綢、綜、綽、綺、翠、菁、菜、菖、裳、認、誓、誦、說、誠、輕、菘、造、速、銜、銓、限、需、韶、飼、飾、旗、暢、榮、榕、齊、熏、僦、嘗、墅、獎、實、寨、慎、准、溯、搴、逢、夢、僕、幕、滑、瑚、琿、碧、福、綿、翡、腑、萍、華、菩、蜜、裴、豪、賓、輔、郝、銘、閣、陌、頗、飲、鳳、鳴、榜、槐、滏。

◎十五劃

寬、廣、慷、慣、概、瑰、葛、葵、課、逵、郭、稿、靠、溉、鋯、儉、著、價、厲、劇、劍、劉、妖、履、幟、彈、徵、德、慮、摘、敵、整、暫、椿、閭、樂、樓、樟、滴、漸、漲、漿、練、締、蒂、駘、落、董、葶、蝶、調、諄、談、詆、諍、諒、論、質、駝、踐、輪、逮、進、醇、鋁、陣、震、霆、駕、駐、稽、稻、稷、節、剪、幾、魯、黎、儂、滌、墩、幢、嶙、鍛、褚、億、儀、影、慰、憂、樂、樣、歐、毅、演、漁、熬、熠、熨、瑤、緣、緯、腰、萬、瑩、葉、葦、誼、逸、郵、閱、院、鞍、頤、養、欲、潁、粗、緩、衛、葳、騎、嫵、鑒、署、嘯、增、嬋、審、層、廠、廚、廝、慶、摧、數、樞、漆、熟、熱、線、腸、興、萱、沖、褚、誰、請、賢、賞、賜、趣、嫻、醉、銳、銷、爽、霄、駟、確、磁、窮、箭、箱、豎、輟、幟、漩、漸、箴、節、緒、翦、蒽、諍、諄、質、醇、罰、劃、嘩、墳、墨、幣、廟、廢、慧、慕、慢、暮、樊、標、模、流、滸、漢、滿、漫、漂、瑪、緩、編、腹、鋪、葆、葡、複、賣、賦、輝、輩、部、鋒、陛、盤、碼、篇、範、麾、劈、幡、慧、摩、滬、漠、磐、褒、弼、誼、紝。

◎十六劃

窺、糕、膏、蓋、鋼、龜、購、器、墾、橫、橄、篙、館、盡、壇、導、憚、戰、撰、整、曆、瞳、曇、暨、機、橘、潔、潭、燈、瑾、璋、廬、積、築、蒸、諸、諦、諾、練、豬、賴、蹄、輯、道、達、都、錄、錦、錠、陸、陶、陵、霓、霖、靜、頰、頭、雕、彊、腿、臻、賺、駱、蒞、儔、橙、潤、澈、篤、縉、螢、衛、謂、謁、諳、諭、豫、逾、遊、運、陰、餘、壅、贏、蓉、蓊、勳、儒、器、學、憲、熹、憧、曉、橋、樵、橙、橡、樹、潤、潮、甑、蒔、璿、聰、融、親、諶、諧、輸、遂、醒、錢、錯、陳、陲、賽、蓄、蒼、儕、澍、蕁、錚、錫、閭、樺、壁、奮、播、撫、橫、潘、磨、蒙、衡、謀、諱、諷、辨、錨、陪、默、蒲、蓓、濱、嬖、憑、穎、蓉、運、陰、餘。

◎十七劃

懇、檜、糠、館、階、瞰、勵、嶺、懂、擋、擔、據、撿、激、濃、燭、瞳、璐、磯、磷、績、聯、膠、膛、臨、舉、蓮、蔗、蔣、講、遞、轅、鍍、鍛、鍾、鍵、隆、隊、駿、黛、點、澤、澧、潞、澄、優、嬰、嶼、獄、贏、應、憶、擁、澳、營、蔚、蔭、輿、鍰、闈、陽、償、擇、擅、操、澤、澡、燧、禧、穗、簇、縱、總、聰、聲、膝、襄、謙、逮、鄒、鄉、隋、雖、霞、霜、鮮、戲、鴻、壕、嬪、彌、幫、檜、篷、縫、繁、褒、錨、韓、蔓、徽、擘。

◎十八劃

櫃、壙、歸、繢、蕢、磬、纊、戴、擬、抬、擠、爵、濤、禮、簡、糧、職、舊、蕉、謹、轉、遮、題、鎮、儲、藜、遲、鯉、翼、芸、謳、醫、隘、額、璦、蕕、鎰、隗、彝、濰、儲、叢、曙、濕、織、蕭、蕊、蟬、瑞、適、雙、繡、鎖、壘、戴、斷、檸、濤、濘、璐、禮、糧、藜、檳、濱、獲、璧、環、蕃、豐、龐、璧、馥。

◎十九劃

擴、關、鏗、廬、疆、禱、薦、勒、襟、譚、證、轎、遼、鄰、鄭、鄧、類、鯨、麗、麓、鏡、覺、際、櫓、櫟、濼、轔、鏈、韻、穩、薏、薇、膺、臆、蟻、襖、遺、霧、願、豔、蕷、薙、韞、璽、薛、薪、繩、蟹、識、贊、遵、遷、選、龐、瀋、薦、譙、鏇、鏘、鏃、鏟、際、類、鶉、遲、攀、簿、繪、鵬、寵、瀑、寶、禰、薛、譜、鏌、鏝。

◎二十劃

礦、闞、歸、藉、藍、攏、瀝、瀧、競、籃、羅、艦、覺、警、鐘、露、騰、黨、櫪、櫧、濾、瀨、爐、竇、笞、籌、鐓、藎、嚴、瀛、耀、譯、議、邀、懿、贏、薩、藏、薰、壤、懸、曦、瓊、籌、臍、馨、釋、獻、壞、孀、籍、藉、譫、鏽、鐘、寶、懷、瀚、繽、還、邁、飄、臏、朦、瀕、鏵。

◎二十一劃

顧、鈈、儷、欄、鐵、雞、鐲、藤、覽、鐳、鐸、鐺、臏、麗、爛、櫻、藝、藕、譽、躍、邇、鶯、險、續、隨、屬、攘、譽、蔦、雞、藩、轟、辯、癖、霸、鶴、鈈。

◎二十二劃

灌、龔、疊、籠、聽、蘆、覽、讀、鑄、籟、藶、鏈、懿、藹、隱、瓔、蘊、鱅、歡、邊、鰻、鑌、灃、鑊。

◎二十三劃

礦、戀、蘭、體、灘、鑠、鱗、驛、驗、纓、纖、顯、鑽、變、蘗。

◎二十四劃

罐、贛、靂、靈、隴、釀、鷹、靄、壩、嬖。

◎二十五劃

觀、戇、廳、籬、鑰、瓊、鑲、釁、顥。

◎二十六劃

邏、驢、灣、瀵。

◎二十七劃

鑾、驥、灣、鑽、驤。

◎二十八劃

鸚、豔、鑿。

Chapter
7

節錄古文一覽

太微賦

○斗數至玄至微，理旨難明，雖設問於各篇之中，猶有言而未盡，至如星之分野，各有所屬，禍福深淺，壽夭賢愚，貧淫正直，各有所司，不可一概論議。

◎批註：開首而說明儘管讀盡經書，所知星情未是全面，皆因斗數演繹宇宙，全憑盤中一百十五夥星。浩翰宇宙豈能在百頁書中盡錄？故我們後學者尚需勤勉，在生活中總結古先賢所示之訣竅經典。句末已強調眾星各有所主，星與星之間的星義各有不同，不可混為一談。

○其星分佈一十二垣，數定乎三十六位，入廟為奇，失度為虛，大抵以生命為福德之本，加以根源為窮通之資。

◎批註：一十二垣，即十二基本宮位，即命宮、父母宮、福德宮、田宅宮、官祿宮、奴隸宮、遷移宮、疾厄宮、財帛宮、子女宮、夫妻宮、兄弟宮。三十六位即天盤、大限盤、流年盤各自所分出的宮位之總和，數為三十六。入廟即盡顯入宮之星發揮其光度；盡現該星優良的一面。失度即入宮之星光芒暗淡，不能盡力發揮其優良面。福德是以生命為根本，福德即福緣，福緣是佛家所指福報。根源深淺從命宮中主星的光芒程度分辨，入廟者為深厚；落陷者為淺薄。這裡的福德可指福德宮。福德宮當然可看福緣深淺。然人有生存，才可論福緣深淺，可見扎根於命，沒命不言福，故命宮的重要性可見一班。

○星有同躔，數有分定，須明其生剋之要，必詳乎得垣失度之分。

◎批註：眾星可以同座一宮位。這裡的「數」是指行限起始數。行限起始數即是以命宮納音起出來的數：水二局、木三局、金四局、土五局。生剋之要指星曜與宮位相生相剋之關係。要論命之高低，則須察命宮內諸星間五行相互影響之變化，才得命格之高低。

○觀乎紫微舍躔，司一天儀之象，率列宿而成垣，土星苟居其垣，若可移動，金星專司財庫，最怕空亡。

◎批註：紫微為紫微垣之主體星，主領紫微垣內各星之位分。其他星隨著祂的走動，而安坐不同宮位。土星是紫微，因紫微屬陰土。這裡應把「金星」改為「土星」，原因在於紫微斗數裡天府星主管「庫房之財」，而天府屬陽土，故應是土星，而「庫房」最怕暴露人前，失去其保密性質。因此，很怕遇到地空、地劫、截空、旬空、陰煞、大耗、小耗等煞曜，削弱祂的隱私性質。

○帝星動則列宿奔馳，貪守空而財源不聚。

◎批註：帝星即是紫微星。若熟安星法，便知先安紫微，安了紫微後，按其位置順佈。貪即貪狼星，守空是指與地空、地劫、截空、旬空、陰煞、大耗、小耗等煞曜同坐一宮。這是因為煞曜有削弱性質，不宜見多。

○各司其職，不可參差。苟或不察其機，更忘其變，則數之造化遠矣。

◎批註：各星曜有其各主事項，不可混淆。如不詳熟各星星情，所推之事離題遠矣。

○例曰：祿逢沖破，吉處藏凶；馬遇空亡，終身奔走。

◎批註：祿指化祿坐之宮位或祿存之宮位。如遇化忌、擎羊、陀羅、火星、鈴星、地空、地劫或多見截空、旬空、陰煞、大耗、小耗等煞曜，求財甚難，而且往往困難重重，吉中帶凶。馬者，天馬也。天馬多見截空、旬空、陰煞、大耗、小耗等煞曜，終日不停工作，三餐未必能溫飽。

○生逢敗地發也虛發；絕處逢生，花而不敗。星臨廟旺，再觀生剋之機；命坐強宮，細察制化之理。

◎批註：命宮主星坐落落陷宮位，縱使富貴也不長久。若果命宮主星坐落落陷宮位，得左輔、右弼、文昌、文曲、天魁、天鉞、恩光、天貴、三台、八座吉照，縱是落陷無力，也會久旱逢甘露。即使命宮主星在強宮宮位，亦要察內諸星曜之五行生旺，不可偏枯過旺。

○日月最嫌反背，祿馬最喜交馳。倘居空亡，得失最為要緊；若逢敗地，扶持大有奇功。

◎批註：日即太陽，月即太陰。太陽在申、酉、戌、亥、子、丑等六宮位，是為反背。日月反背終不為好，原因是兩星光度暗淡，引發兩星各自不良性質。天馬祿存化祿最宜照會，天馬能沖動祿存化祿的主動性。倘若主星在陷宮位置，視察宮位內可有四化、吉曜照會，亦可使陷宮主星表現優良特質，不可執著一面。

〇紫微天府全依輔弼之功，七殺破軍專依羊鈴之虐。諸星吉逢凶也吉；諸星凶，逢凶也凶。

◎批註：紫微天府是南北斗主星。主者當然喜身邊有臣子佐輔，特顯其皇者風派。七殺破軍為斗數中兩夥剛星，剛者當然威武不能屈，加上羊鈴，自然暴戾異常。不過遇有四化、六吉、眾吉輔星曜照會，也會凶中帶吉，若值陷宮，眾煞星曜纏，凶上加凶。

〇輔弼夾帝為上品，桃花犯主為至淫。

◎批註：帝者即是紫微，皇帝身邊要有臣屬，才可從容治國，是故喜（左）輔（右）弼佐輔。夾指本宮的兩個相鄰宮位。這裡的桃花指貪狼，貪狼是主桃花。犯：這裡指同宮。主是紫微。貪狼和紫微只有卯酉同宮。命坐此二星者，不至於訣中所述淫蕩奔放，也只不過情欲相較其他人旺盛而已。紫微在子午可屬同例，程度甚次。

〇君臣慶會，才擅經邦；魁鉞同行，位至台輔。

◎批註：君為紫微；臣為六吉、眾吉輔星，慶會即拱照照會。君臣慶會指紫微三方見六吉、眾吉輔星照會，就才高八斗，治國有方。縱使單有魁鉞，也官至台閣首員。

星垣論

紫微帝座，以輔弼為佐貳，做數中之主星，乃有用之源流。是以南北二斗集而成數，為萬物之靈。蓋以水淘溶，則陰陽既濟，水盛陽傷，火盛陰滅，二者不可偏廢，故知其中者，斯為美矣。

寅乃木之垣，乃三陽交泰之時，草木萌芽之所，至於卯位，其木至旺矣。貪狼天機是廟樂，故得天相水、巨門水到卯為之疏通，木賴水栽培，加以水之交灌，三方文曲水、破軍水相會尤妙。

又加祿存土、巨門水到丑，天梁土到未，陀羅金到於四墓之所土，或得擎羊金相會，以土為金墓，則金通不為疑。

加以天府土、天同水以生之，是為金旺土肥，順其德以生成。巳午未乃火位，巳為水土所絕之地，更午垣之火，餘氣流於巳，水則順流，火氣逆燄，必歸於巳。午屬火德，能生於巳絕之地，所以廉貞火居焉。至於午火旺，離明洞照表裡，而文曲水入廟。若會紫府，則魁星揣斗，加以天機木、貪狼木，謂之變景，更加奇特。

申酉屬金，乃西方太白之氣，武居中而好生，擎羊居酉為角煞，加以巨門、祿存、陀羅、天梁而劫之愈急，須得逆行，逢善化逆，是謂妙用。

亥水屬文曲破軍之廟地，乃文明清高之星，萬里派源之潔，如大川之澤，可潤枯焦。居於亥位，將入天河，是故為渺。

破軍水於子旺之鄉，如巨海之浪、澎湃洶湧，可遠觀而不可以近倚，破軍是以居焉，若四墓之剋，充其湧漫，亥子上文曲，必得武曲之金，使其源流不絕，方為妙矣。其餘諸星以身命推之，無施不至，至妙者矣。

骨髓論

太極星躔，乃群宿眾星之主。天門運限，即扶身助命之源。在天則運用無常，在人則命有格局。先明格局，次看惡星。或有同年同月同日同時而生，而有貧賤富貴壽夭之異；或在惡限積百之金銀；或在旺鄉遭連年之困苦；禍福不可一途而尚；吉凶不可一事而推。

要知一世之榮枯，定看五行之宮位。立命可知貴賤，安身便曉根基。第一先看福德，在三細考遷，分對宮之體用，定三合之源流。

命無正曜，夭折孤貧；吉有兇星，美玉玷瑕。既得根源堅固，須知合局相生，堅固則富貴延長，相生則財官昭著。

命好身好限好，到老榮昌；命衰身衰限衰，終身乞丐。夾貴夾祿少人知，夾權夾科世所宜。夾日夾月誰能遇，夾昌夾曲主貴兮。夾空夾劫主貧賤，夾羊夾陀為乞丐。

廉貞七殺反為積富之人，天梁太陰卻作飄蓬之客。廉貞主下賤之孤寒，太陰主一生之快樂。生來貧賤，劫空臨財福之鄉。

出世榮華，權祿守身命之地。先貧後富，須還命值武貪。先富後貧，只為運逢劫殺。文昌文曲，為人多學多能；左輔右弼，生性克寬克厚。

天府天相乃為衣祿之神，為仕為官定主亨通之兆。苗而不秀，科星陷於兇鄉。發不住財，祿主躔於弱地。

七殺朝斗，爵祿榮昌；紫府同宮，終身福厚。紫微居午無殺湊，位至公卿。天府臨戌有星扶，腰金衣紫。科權祿拱，文譽昭彰。

武曲廟旺，威名顯奕。科明祿暗，位列三台。日月同宮，官居侯伯。巨機同宮，公卿之位。貪鈴並守，將相之名。

天魁天鉞，蓋世文章。天祿天馬，驚人甲第。左輔文昌吉星會，尊居八座。貪狼火星居廟旺，名鎮諸邦。巨日同宮，官封三少。

紫府朝垣，食祿萬鍾。科權對拱，躍三汲於禹門。日月並明，佐九重於堯殿。府相同來會命宮，全家食祿。

三合明珠生旺地，穩步蟾宮。七殺破軍宜出外，機月同梁作吏人。紫府日月居旺地，定斷公侯器。

日月科祿丑宮中，定是方伯公。天梁天馬陷，飄蕩無疑。廉貞殺不加，聲名遠播。日照雷門，榮華富貴。月朗天門，進爵封侯。

寅逢府相，位登一品之榮。墓會左右，尊居八座之貴。梁居午地，官資清顯。曲遇梁星，位至台綱。科祿巡逢，周勃欣然入相。文星暗拱，賈誼允矣登科。

擎羊火星，威權出眾。同行貪武，威壓邊夷。

李廣不封，擎羊逢於力士。顏回夭折，文昌陷於天殤。仲由猛烈，廉貞入廟遇將軍。子羽才能，巨宿同梁沖且合。

寅申最喜同梁會，辰戌應嫌陷巨門。祿倒馬倒，忌太歲之合劫空。運衰限衰，喜紫微之解兇惡。孤貧多有壽，富貴即夭亡。吊客喪門，綠珠有墜樓之厄。

官符太歲，公冶有縲絏之憂。限至天羅地網，屈原有沉溺之殃。限逢地劫地空，阮籍有途窮之苦。文昌文曲會廉貞，喪命天年。

命空限空無吉湊，功名蹭蹬。生逢地空，猶如半天折翅。命中遇劫，恰如浪裡行舟。項羽英雄，限至地空而喪國。石崇富豪，限行地劫以亡家。呂后專權，兩重天祿天馬。楊妃好色，三合文昌文曲。天梁遇馬，女命賤而且淫。昌曲夾墀，男命貴而且顯。極居卯酉，多為脫俗之僧。

貞居卯酉，定是公胥之輩。左府同宮，尊居萬乘。廉貞七殺，流蕩天涯。鄧通餓死，運逢大耗之鄉。夫子絕糧，限到天殤之地。鈴昌陀武，限至投河。巨火擎羊，終身縊死。命裡逢空，不飄流即主貧苦。馬頭帶劍，非夭折即主刑傷。子午破軍，加官進爵。昌貪居命，粉身碎骨。

朝斗仰斗，爵祿榮昌。文桂文華，九重顯貴。丹墀桂墀，早遂青雲之志。合祿拱祿，定為巨擘之臣。陰陽會昌曲，出世榮華。輔弼遇財官，衣緋著紫。

巨梁相會廉貞併，合祿鴛鴦一世榮。武曲閒官多手藝，貪狼陷地作屠人。天祿朝垣，身榮富貴。魁星臨命，位列三台。武曲居乾戌亥上，最怕太陰逢貪狼。化祿還為好，休向墓中藏。

子午巨門，石中隱玉。明祿暗祿，錦上添花。紫微辰戌遇破軍，富而不貴有虛名。昌曲破軍逢，刑剋多勞碌。貪武墓中居，三十才發福。天同戌宮為反背，丁人化吉主大貴。

巨門辰戌為陷地，辛人化吉祿崢嶸。巨機酉上化吉者，縱遇財官也不榮。日月最嫌反背，乃為失輝。身命定要精求，恐差分數。陰騭延年增百福，至於陷地不遭傷。命實運堅，槁苗得雨；命衰限衰，嫩草遭霜。

論命必推星善惡，巨破擎羊性必剛。府相同梁性必好，火劫空貪性不常。昌曲祿機清秀巧，陰陽左右最慈祥。武破廉貪沖合，局全固貴；羊陀七殺相雜，互見則傷。貪狼廉貞破軍惡，七殺擎羊陀羅兇。火星鈴星俱作禍，劫空殤使悔重重。巨門忌星皆不吉，運身命限忌相逢。更兼太歲官符至，口舌官非決不空。吊客喪門又相遇，管教災疾兩相攻。

七殺守命終是夭，貪狼入命必為娼。心好命微亦主壽，心毒命固亦夭亡。今人命有千金貴，運去之時豈久長，數內包藏多少理，學者須當仔細詳。

賦姓論

原夫紫微帝座，生為厚重之容。金烏（太陽）圓滿，玉兔（太陰）清奇。

天機為不長不短之姿，性懷好善。太陽相貌雄壯，面方圓滿，聰明慈愛，不較是非。

武曲乃至剛至毅之操，心性果決。

天同肥滿，目秀清奇。廉貞眉寬口闊而面橫，為人性暴，好忿好爭。
天府尊星，當主純和之體，善良溫和，多學多能。
太陰聰明清奇，心性溫和，度量寬宏，博學多能。
貪狼為善惡之星，入廟必然長聳，出垣必定頑嚚。
巨門乃是非之曜，在廟敦厚溫良。
天相精神，相貌持重。
天梁穩重，玉潔冰清。
七殺目大凶狠，心性急躁，喜怒無常，破軍不仁，背厚眉寬，行坐腰斜而奸詐，好行驚險。
文昌俊雅，眉清目秀；文曲磊落，口舌便佞，在廟定生異痣，失陷必有斑痕。
左輔右弼溫良規模，端庄高士。
天魁天鉞具見威儀，與三台八座則十全模范。相貌持重和藹，乃是祿存之盛德。情懷似火烽沖，此誠破耗之威權。
擎羊陀羅，形丑貌陋，有矯詐體態。
火星剛強出眾，毛鬢多異，唇齒四肢有傷。

鈴星性毒破相，膽大出眾。

星臨廟旺，最怕空劫，煞落空亡，竟無威力。

權祿乃九竅之奇，耗劫散平生之福。祿逢梁蔭，抱私財益與他人。

耗遇貪狼，逞淫情于井底。貪狼入于馬垣，易善易惡；惡曜扶同善曜，稟性不常。財居空亡，巳三覽四；文曲旺宮，聞一知十。

男居生旺，最要得地；女居死絕，專看福德。

命最嫌立于敗位，財源卻怕逢空亡。

機刑殺蔭孤星，論嗣續之宮，加惡星忌耗，不為奇特。

陀耗囚之曜，守父母之躔，決然破祖，刑傷兼之。

童格宜相根基。紫微肥滿，天府精神，祿存天梁，應系厚重。

日月昌曲與天機，皆為美俊之姿，乃是清奇之格，上長下短，目秀眉清。

武曲貪狼，形小聲高而量大。天同陀忌，肥滿目眇，形丑貌粗。

文值耗煞擎羊，身體遭傷，若遇陀羅巨暗，必生暗異之痣。

若居死絕之限，童子哺乳，徒勞其力，老者亦然壽終。

此是數中之綱領，乃為星緯之機關，玩味專精，以參玄妙。

限有高低，星尋喜惡。假如運限駁雜，終為浮沉，至若將終，朝元最緊。限行逢忌，或曰凶送凶迎，皆為偃蹇無情，遭逢困厄。如逢殺地，更要推詳，倘遇空亡，必須細察。精研于此，不患不神。

女命賦

府相之星女命躔，必當子貴與夫貴。廉貞清白能字守。更有天同理亦然。端正紫微太陽星，早遇賢夫性可憑。太陽寅到午，遇吉終是福。左輔天魁為福壽，右弼天相福來臨。祿存厚重多衣食，府相朝垣命必榮。紫府巳亥相互輔，左右扶持福必生。巨們天機為破蕩。天梁月曜女命貧。擎羊火星為下賤。文昌文曲福不全。武曲之宿為寡宿。破軍一曜性難明。貪狼內狠多淫佚。七殺沈吟福不生。十干化祿最榮昌，女命逢之大吉祥，更得祿存相湊合，旺夫益子受恩光。火鈴羊陀及巨門，地空地劫又相臨，貪狼七殺廉貞宿，武曲加臨剋害侵。三方四正嫌逢煞，更在夫宮禍患深，若值本宮無正曜，必主生離剋害真。

以上論賦，俱係看命之法，條條有驗，宜細玩味。得之於心，其富貴貧賤，榮華壽夭，了然在胸矣。

玄微論

希夷先生曰：

斗數之列眾星，由大易之分八卦，八卦非彖繫不明，五星非講明何措，是以觀斗數者，再三審動靜之機，第一辨賓主之分，動靜循環不已，主賓更迭無拘，主若無情，何賓之有，賓不能對，何足取哉！

愧彼羊陀，惟視祿存之好惡，笑吾日月也。

思空劫之興亡，殺有殺而無刑，雖殺有救；刑有刑而易單，終身不剋。

火星旺宮為富論，羊陀得令豈凶神？兩鄰加侮尚可撐持，同室與謀最難防備。

斤火焚天馬，重羊逐祿存。劫空親戚無常，權祿行藏靡定。

君子哉魁鉞，小人也羊鈴。兇不皆兇，吉無純吉。

主強賓弱，可保無虞。主弱賓強，兇危立見。主賓得失兩相宜，限運命身當互見。身命最嫌羊陀七殺，遇之未免為兇。二限甚忌貪破巨貞，逢之定然作禍。

命遇魁昌當得貴，限逢紫府定財多。凡觀女人之命，先觀夫子二宮，若值煞星，定三嫁而心不足，或逢羊陀，須啼哭而淚不乾。

若觀男命，始以福財為主，再審遷移如何，二限相因，吉凶同斷。

限逢吉曜，平生動用和諧；命作兇鄉，一是求謀齟齬。

廉祿臨命，女德純陰貞潔之德；同梁守命，男得純陽中正之心。

君子命中亦有羊陀四殺，小人命中豈無科祿權星，要看得垣失垣，專論入廟失陷。若論小兒，詳推童限，小兒命生兇鄉，三五歲必然夭折，更有限逢惡殺，五七歲必至夭亡。文昌文曲天魁秀，不讀詩書也可人。

多學少成，只為擎羊逢劫殺。為人好訟，蓋因太歲遇官符。

命之理微，熟察星辰之變化；數之理遠，細詳格局之興衰。

北極加兇殺，為道為僧；命遇兇星，為奴為僕。

如武破廉貪，固深謀而貴顯，加羊陀空劫，反小志以孤寒。

限輔旺星，雖弱而不弱；命臨吉地，雖兇而不兇。

斷橋截路，大小難行；卯酉二空，聰明發福。

命身遇紫府，疊積金銀；二主逢劫空，衣食不足，謀而不遂。
命限遇入擎羊，東作西成。限身遭逢府相科權祿拱，定為攀桂之高人。
空劫羊鈴，決作九流術士。情懷舒暢，昌曲命身；詭詐虛浮，羊陀陷地。
天機天梁擎羊會，早見刑剋晚見孤。
貪狼武曲廉貞逢，少受貧而後受福。
此皆斗數之奧訣，學者熟之。

形性賦

原夫紫微帝座，生為厚重之客；天府尊星，也作純和之體。
金屋圓滿，玉兔清奇，天機為不長不短之姿，情懷好善。
武曲有至要至緊之操，心性剛強；天同肥滿，目秀清奇。
廉貞眉闊，口寬面橫，為人性暴，好忿好爭；貪狼為善惡之星，入廟必應長聳。巨門門乃是非之曜，出垣必定頑嚚；天相精神，天梁穩重。
七殺子路暴虎馮河，火鈴似豫讓吞炭為啞，暴虎馮河兮自災兇猛，吞炭裝啞兮暗狼聲沉。俊雅文昌，磊落文曲，在廟定生異痣，失陷必有斑痕。
左輔右弼，為溫良規模；擎羊陀羅，有矯詐體態。
若逢魁鉞，必具足威儀；果合三台，則十全模範。
星論座位，最怕空亡，殺落空亡，無力觀其祿權。
破軍不仁，背重眉闊，坐腰斜舌性態如春，
乃是祿存之聖德，情懷似火，此誠破耗之威權。
祿逢梁蔭，抱私財益與他人；耗遇貪財，逞淫情於井底。
貪星入於馬垣，易善易惡；惡曜扶同善曜，稟性不常。
財居空亡，巴三攬四；文曲旺宮，聞一知十。
暗合廉貞，為貪濫之曹吏；身命司數，實奸盜之技兒。
男居身旺，最要得躔；女居死絕，專看福星。
命最嫌於敗位，財卻怕於空亡。
機刑殺蔭孤星論，嗣續之官加惡星忌耗，不為奇特。
陀忌耗囚凶曜，守相貌之躔，決然傷體兼之破祖。
童格宜相，根基要察。紫微肥滿，天府精神，天梁生厚；

日月曲相與天機皆為美俊之姿，乃是清奇之格，上長下短，目秀眉清。

武曲貪狼，形小聲高而量大；天陀同忌，肥滿目眇而晦暗。

耗煞擎羊，身體遭傷，陀羅巨暗，必生異痣。

若居死絕之限，童子哺乳徒勞其力，老者亦然。

此星宿中之綱領，乃為星緯之機關，玩味專精，以參玄妙。

限有高低，星尋喜怒，假如運限駁雜，終有浮沉。

或曰：凶送凶迎，皆為偃蹇無情，遭逢困厄，如逢煞地，更要推詳；

但遇空亡，必須細察。精研於此，不患不神。

玉蟾發微論

白玉蟾先生曰：

觀天斗數與五星不同，按此星辰與諸術大異。

四正吉星定為貴，三方煞拱少為奇；對照兮詳兇詳吉，合照兮觀賤觀榮。

吉星入垣則為吉，兇星失地則為兇。

命逢紫微，非特壽而且榮；身遇煞星，不但貧而且賤。
左右會於紫府，極品之尊；科權陷於凶鄉，功名蹭蹬。
行限逢乎弱地，未必為災；立命會在強宮，必能降禎。
羊陀七殺，限運莫逢，逢之定有刑傷；天哭喪門，流年莫遇，遇之實防破害。
南斗主限必生男，北斗加臨先得女。
科星居陷地，燈火辛勤；昌曲在弱鄉，林泉冷淡。
奸謀頻設，紫微愧遇破軍；淫奔大行，紅鸞差逢貪宿。
命身相剋，則心亂而不閒；玄嫗三宮，則邪淫而耽酒。
煞臨三位，定然妻子不和；巨到二宮，必是兄弟無義。
刑煞守子宮，子難奉老；諸凶照財帛，聚散無常。
羊陀守疾厄，眼目昏盲；火鈴到遷移，長途寂莫。
尊星列賤位，主人多勞；惡星應命宮，奴僕有助。
官祿遇紫府，富而且貴；田宅遇破軍，先破後成。
福德遇空亡劫，奔走無方；相貌加刑煞，刑剋難免。
後學者執此推詳，萬無一失。

起例歌訣

希夷仰觀天上星　作為斗數推人命　不依五星要過節
只論年月日時生　先安身命次定局　紫微天府佈諸星
劫空傷使天魁鉞　天馬天祿帶煞神　前羊後陀並四化
紅鸞天喜火鈴刑　二主大限並小限　流年後方安斗君
十二宮分詳廟陷　流年禍福此中分　祿權科忌為四化
惟有忌星最可憎　大小二限若逢忌　未免其人有災情
科名科甲看魁鉞　文昌文曲主功名　紫府日月諸星聚
富貴皆從天上生　羊陀火鈴為四煞　沖命沖限不為榮
殺破廉貪俱作惡　廟而不陷掌三軍　魁鉞昌加無吉應
若還命限陷尤嗔　尚有流羊陀等宿　此與太歲從流行
更加喪弔白虎湊　傷使可以斷生死　若有同年同月日
禍福何有不準乎　不準俱用三時斷　時有差池不可憑

此是希夷真口訣　學者須當仔細精　後具星圖並論斷
其中部訣最分明　若能依此推人命　何用琴堂講五星

富貴貧賤夭壽論

紫微　廟寅丑未，旺申亥卯巳，平子無陷。
紫微居午無刑忌甲丁己命至公卿。
加刑忌平常刑乃擎羊也。
紫微居子午科權祿照最為奇。
科權祿三方照是也為仰面朝斗格。
紫微男亥女寅宮壬甲生人富貴同。
同男女同也。
紫微卯酉劫空四殺多為脫俗之僧。
四殺，羊陀，火鈴也。
紫微天府全依輔弼之功。

紫府得輔弼同垣，及三方拱照嘉會，終身富貴。
紫微同宮無殺湊甲人享幅終身。
紫府同在寅申宮守命，六甲人富貴。
紫府朝垣活祿逢，終身福厚至三公。
命坐寅申再加吉星妙。
紫府日月居旺地，必定出佳公卿器。
紫午府丑無殺加，又化祿是也。
紫府武曲臨財宅，更兼權祿富奢翁。
得左右祿存亦同。
紫微輔弼同宮，一呼百諾居上品。
或作三方為次吉，在財帛宮則為財賦之官。
紫府擎羊在巨商。
得武曲居遷移者吉。
紫祿同宮日月照，貴不可言。
紫微祿存同宮，日月三合拱照。

紫微，七殺化權，反作楨梓。
紫微、破軍，無左右，無吉曜，凶惡胥吏之徒。
紫微權祿遇羊陀，雖獲吉而無道，為人心術不正。
紫破命臨於辰戌丑未，再加吉曜富貴堪期
紫破貪狼為至淫，男女邪淫。
紫府同臨巳亥，一朝富貴雙全。
紫府夾命為貴格。
紫微昌曲，富貴可期。
紫微太陰殺曜逢，一生曹吏逞英雄。
紫微武曲破軍會羊陀，欺公禍亂，只宜經商。
紫破辰戌，君臣不義，安樂山，趙高命是也。
女命紫微太陽星，早遇賢夫信可憑。
女命紫微在寅午申宮吉，貴美旺夫益子。
陷地平常，惟子酉及巳亥加四殺，美玉瑕玷日後不美。

天府　廟子丑寅未旺午酉辰戌地卯巳申亥無陷

天府戌宮無殺湊，甲己人腰金又且富。
加四殺有疵。
天府居午戌天相來朝，甲人一品之貴。
府相朝垣，千鍾食祿。
命寅申，府相在財帛宮，祿官朝者，上格別宮次之。
天府、昌曲、左右、高第恩榮。
天府天相天梁同，君臣慶會。
天府、祿存、昌曲、巨萬之資。
天府、武曲居財宅。更兼權祿，富奢翁。有左右祿存亦美。

天相　廟子丑寅申地巳未亥陷卯酉

天相、廉貞、擎羊來。多招刑杖難逃。
終身不美招橫禍，只宜僧道。
天相之星女命纏，必當子貴及夫賢。
女命己生子宮，甲生午宮，庚生辰宮，俱是貴格。
右弼天相福來臨。

女命天相、右弼，諸宮吉。

子宮癸生人，寅宮癸已生人，申宮甲庚癸生人，俱是貴格。

丑未亥宮不貴，子午卯酉皆少福。

天梁　廟子寅辰午旺丑未地戌卯陷申己亥

天梁月曜女淫貧。

天梁居午位官資清顯朝堂。丁己癸人合格。

梁同已亥男多浪蕩女多淫。加刑忌殺湊多下賤。

天梁文昌居廟旺位至台綱。

天梁守照吉相逢平生福壽。在午位極佳。

梁同機月寅申位，一生利業聰明。聲多不論。

天梁、太陽、昌祿會，臚傳第一名。

梁、武、陰、鈴。擬作棟梁之客。

梁宿太陰，卻作飄蓬之客。梁居酉，月居巳是也。

天梁、天馬，為人飄蕩風流。

天梁加吉，坐遷移。臣商高賈，加刑忌平常。

天同　廟卯己亥旺子申陷丑未酉午

天同會吉壽元辰。

天同、貪、羊陀居午位。丙戌鎮禦邊疆。為馬頭帶箭富且貴。

同月陷宮加殺重，技藝羸黃。

天同戌宮化忌，丁人命遇反為佳。女命天同必是賢。

子生人命坐寅，辛人命卯，丁人命戌人格。丙辛人命中吉，己亥逢此化吉

天機　廟子午辰戌旺卯酉陷丑未

機梁會合善談兵，居戌亦為美論。

孟子遷移戌宮，有機梁。

機梁守命加吉曜，富貴慈祥。加刑忌僧道。

機梁同照命身空，偏宜僧道。

機同單守命身，又逢空亡。

機梁、七殺、破軍沖。羽客僧流命所逢。若兼帝座，加太陽吉。

機月同梁，作吏人。

機梁貪月同機會，暮夜經商無眠睡。遇凶星奔波。

天機加惡殺同宮，狗偷鼠竊。
天機巳宮酉逢，好飲離宗奸狡重。
巨陷天機為破格。
女命在寅申卯酉雖富貴不免淫慾下賤，寅申守照福不全美。

太陽　廟卯午旺寅辰巳陷戌亥子丑

日照雷門子辰，卯地晝生富貴聲揚。
太陽文昌在官祿，皇殿朝班。文昌同亦然。
日落未申在命位，為人先勤後懶。
太陽居午，庚辛丁己人富貴雙全。
太陽化忌是非日，有目還傷。
女命端正太陽星，早配賢夫信可憑。
太陽守命，陷平常。居卯辰巳午無殺，旺夫益子。

太陰　廟亥子丑旺酉戌陷午寅辰己卯

太陰居子，丙丁富貴忠良。夜生人合局。
太陰同文曲於妻宮，蟾宮折桂。文昌同亦然，在身命巧藝之人。

太陰羊陀，必主人離財散。

月朗天門於亥地，登雲職掌大權。

子生人，夜時生合局。不貴則大富。月曜天梁，女淫貧。

太陰寅申巳，多主淫貧，或偏房侍婢。

若貪狼、文昌、文曲，同於夫宮　必招配賢明之夫。

太陽太陰拱照。

日巳月酉丑宮，命步蟾宮。

日卯月亥安命未宮，多折桂。

日月同未命安丑，侯伯之材。

日月命身居丑未，三方無吉反為凶。

子午辰戌，身命更佳。

日月守命，不如照合並明。

守命吉多主吉，凶多主凶。若吉少，亦不為美之論。

日辰月戌並爭，耀權祿非淺。

日月夾命，夾財加吉曜，不權則富。

加羊陀沖守，宜僧。
日月最嫌反背，如日月同宮，看人之生時。
日喜太陽，夜宜太陰。若反背日戌，月辰，子月午。
若出外離宗成家也吉。勿概以反背論。
陰陽左右合為佳。
日月陷宮逢惡殺，勞碌奔波。
日月羊陀多剋親。
日月更須貪殺會，男多奸盜女多淫。
日月疾厄，命宮空，腰陀目瞽。
如日月在疾厄宮，逢空亡必主腰陀，目瞽，命宮亦然。

文昌　廟丑巳酉地申子辰失陷寅午戌
文昌武曲，為人多學多能。
四墓，卯酉巳亥身命。論三方科權祿。
文科拱照，賈誼年少登科。論三方。
左輔文昌位至三台。

文昌、武曲，於身命文正兼備。孫臏之命是也。

文曲　廟子辰巳酉丑旺亥卯未陷午戌

二曲廟垣逢左右將相之財。

文曲宜子午酉，武曲宜四墓。二曲旺宮，威名赫奕。

文曲子宮第一，卯酉宮次之。武曲辰宮第一，丑未宮次之。

二曲貪狼午丑限，防溺水之憂。

文昌文曲，昌曲夾命最為奇。

假若命在丑宮，文昌在寅，文曲在子是也。不貴即富，吉多方論此為貴

昌曲臨於丑未，時逢卯酉近天顏。

賈誼卜商，昌曲未宮命丑宮。在命兼化吉者方論。

昌曲巳亥臨，不貴即當大富。

昌曲吉星居福德，謂之玉袖天香。

更得紫微，居午宮妙。

昌曲陷宮凶殺破虛譽之隆。凶殺即羊陀空劫。

昌曲陷於天傷，顏回夭折。

命有劫空，羊陀。限至七殺，羊陀迭併方論。

昌曲己辛壬生人，限逢辰戌慮投河。

如人廟吉，大小二限俱到，命坐辰戌者，一命輕。

昌曲廉貞於巳亥，遭刑不善且虛誇。

貪多作事顛倒，子申二官貴吉多美。

昌曲祿存，猶為奇特。

昌曲破軍臨，虎兔殺羊沖破奔波。

虎兔，即寅卯宮是也。

昌曲左右會羊陀，當生異痣。

女人昌曲聰明，富貴只多淫。

武曲　廟亥未戌旺子午平巳亥無失陷

武曲廟垣威名赫奕。

辰戌丑未生人安命在忌戌丑未宮為四墓若但在辰戌丑未次之。

武曲相遇昌曲逢聰明巧藝定無窮。

武曲或與天相同垣逢昌曲。

武曲、祿馬交馳，發財遠郡。

武曲、遷移，巨商高賈。吉多方論。

武曲、廉貞、貪殺，便作經商。

武曲、破軍、破祖破家勞碌。

武曲、劫殺會擎羊，因財持刀。

武曲、魁鉞居廟旺，財賦之官。

武曲、貪狼財宅位，橫發資財。

武曲、貪狼加殺忌，技藝之人。

武曲、破貞於卯地，木壓雷驚。

武曲、羊陀兼火宿，喪命因財。

武曲之星為寡宿。

火星柔弱，婦奪夫權方免刑剋。若兩剛相敵，必主刑剋生離。

貪狼　廟辰未戌旺子午陷巳亥

貪狼遇鈴火四墓宮，豪富家資侯伯貴。

辰戌宮佳，丑未宮次之，若守照俱可論吉。

貪狠入廟壽元辰。
貪狼會殺無吉曜，屠宰之人。
貪狠子午卯酉，鼠竊狗偷之輩，終身不能有為。
申子辰人命坐子宮，寅午戌人命坐午宮，亥卯未人命坐卯宮，
巳酉丑人命坐卯宮。
貪狼加吉坐長生，壽考永如彭祖。
寅午戌火生人，命坐寅木申金。
貪狠巳亥加殺，不為屠戶亦遭刑。享福不久。
貪狼同行，晚景邊夷神服。
三十年後發財，坐命武曲守照。辰戌宮佳，丑未宮次之。
貪武先貧而後富。
利己損人，命有紫微。
日月、左右昌曲，限逢綠權科，則貴顯論。
貪狼加殺同鄉，女偷香而男鼠竊。
貪狼武曲同守身，無吉命反不長。

命無吉曜，身有貪武，孤貧。

貪月同殺會機梁，貪財無厭作經商。

貪遇羊陀居亥子，名為泛水桃花。

男女貪花，迷酒喪身。有吉曜則吉。

貪狼陀羅在寅宮，號曰風流彩杖。

貪武申宮為下格。化忌方論。

貪武四生四墓宮，破軍忌殺百工通。

貪武破軍無吉曜，迷戀酒以忘身。或作手藝。

貪狼廉貞同度，男多浪蕩女多淫。

女命貪狼多嫉妒。

在亥子，遇羊陀嫉妒之流。逢祿馬不美。

廉貞

廟寅申利辰戌丑未陷巳亥

廉貞申未宮，無殺富貴聲揚播遠名。

雄宿朝元格，加殺平常。

廉貞卯酉宮，加殺公胥無面官人。或巧藝人。

廉貞暗臣，曹吏貪婪。

廉貞、貪殺、破軍逢武曲。遷移作貝戎。恐是文曲。

廉貞七殺居廟旺，反為積富之人。

殺居午奇格若陷地化忌，貧賤殘疾。

廉貞破火居陷地，自縊投河。

廉貞七殺居巳亥流蕩天涯。

巨門辰宮化忌，辛人命遇反為奇。

巨機丑未為下格。

巨門陀羅，必生異痣。

巨門羊陀於身命，疾厄。羸黃困弱盜而娼。

巨門四殺陷而凶。

巨火擎羊陀，逢惡曜防縊死投河。

巨火鈴星逢惡限，死於外道。

巨宿天機為破蕩。

女命巨機於卯酉，雖富貴不免淫佚，若陷地下賤。

七殺　廟丑寅未申戌旺巳亥無陷

七殺寅申子午，一生爵祿榮昌。為七殺朝斗格。

七殺破軍專依羊鈴之虐。

七殺廉貞同位，路上埋屍。

觀廉貞內註會耗於遷移亦然，若陷地加化忌尤凶。

七殺破軍宜出外，諸般手藝不能精。

七殺臨身命，流年刑忌災傷。

逢紫微、天相、祿存、可解。

殺臨絕地會羊陀，顏回夭折。

殺重逢，四殺腰陀背曲陣中亡

殺與鈴火，主陣亡，又有疾危。

七殺火羊貪且賤，屠宰之人。

七殺羊陀會生鄉，為屠宰。

七殺羊鈴，流年白虎刑戮災迍。

七殺流羊二官符，離鄉遭配。歲限俱到。

七殺守照歲限擎羊，午生人命安卯酉宮主凶亡。
餘宮亦忌命限三合殺，流年羊刃到命，即七殺重逢，申酉宮忌，多忌限。
七殺沉吟福不榮。男有威權，女無所施。七殺臨身終是夭。
七殺單居輻德，女人切忌賤無疑。

破軍　廟子午旺辰戌丑未陷寅申

破軍子午宮，無殺官資清顯至三公。
甲癸生人合格，丁巳生人次之，丙戌生人主困。
破軍貪狼逢祿馬，男多浪蕩女多淫。
破軍暗巨同鄉，水中作塚。
破與巨不同垣，恐照命宮或犯遷移。
破軍火鈴奔波勞碌。
破軍一曜性難明。男女命論。
破耗羊鈴官祿位，到處乞求。
又貪狼在子午卯酉者，看貪狼內註。

羊鈴　廟辰戌丑未旺子申酉亥陷卯巳午

擎羊入廟，富貴聲揚。加吉万論。

羊火同宮，威權壓眾。辰戌人佳，丑未次之。

羊陀鈴火守身命，腰駝背曲之人。

擎羊子午卯酉，非夭折而刑傷。

午凶，卯次之。子酉又次之，馬頭帶劍，吉多勿論。

擎羊逢力士，李廣難封。

甲生人命卯，丙生人命午，庚生人命酉，壬生人命子。吉多平常，加殺則凶。

羊陀火鈴逢吉發財，凶則忌。

羊鈴坐命，流年白虎災傷。

流年白虎，又到命宮也。

擎羊對守在酉宮，歲迭羊陀庚命凶。

除宮亦忌，守命宮有羊陀。流年遇羊陀，為迭併。羊陀夾忌為敗局。

假如安命在申宮，又逢忌星羊在酉，陀在未夾之，餘皆倣此為例。

命歲凶孤貧刑剋。若單守祿存無吉星同垣，亦有災殃之凶。

羊陀流年鈴，破面字斑痕。一擎羊火星為下格。

擎羊重逢流羊，西施傾殞身。歲限重逢。

陀羅　廟辰戌丑未陷卯酉地子亥

陀羅巳亥寅申，非夭折而刑傷。

余試得多離祖出外成家者亦吉，主生人有破相。

火星　廟寅午戌地巳酉丑陷刑

火鈴相遇，名振諸邦。

火鈴夾命，為敗局。

如命安寅申，火星在丑，鈴星在卯。吉多尚可，惟夾忌。

辰戌歲限巡遊者此地亦吉。

鈴星　廟寅卯午戌地辰巳未申陷子亥酉丑

火鈴旺宮亦為福論。

擎羊火鈴為下格。

女人廟旺猶可，陷地下賤，貧窮夭折。

魁鉞

魁鉞夾命為奇格。

如命安在辰宮，魁在卯，鉞在巳宮是也。

魁鉞命身多折桂。

如吉方論，在命身最妙，三方次之。

魁鉞昌曲祿存扶，刑殺無沖台輔貴。

命身妙三方，次見刑殺沖會者平常，只宜僧道。

魁鉞重逢殺湊，痼疾尤多。殺乃羊鈴空劫。

魁鉞輔星為福壽。二上在命，諸宮福壽雙全。

左輔　右弼

左右文昌，位至台輔。

左右夾命，為貴格。

如安命在丑宮，左輔在子宮，右弼在寅宮。

四七十一月生者是也，若不貴則大富。

右弼左輔，終身福厚。

在命宮遷移是也，三方次之。

左右同宮，披羅衣紫。

辰戌宮安命，正月七月生者，丑宮安命。
四月生者卯亥宮安命，六月十二月生者，三方勿論。
左右單守照命宮，離宗庶出。
身命無正曜是也，若三方合紫微，天相，天府吉。
左右貞羊遭刑盜，一左右昌曲逢羊陀，當生暗痣。
左右財官兼夾拱，衣祿豐盈。
左右魁鉞為福壽。
三星在命論宮，福壽全美。若女命逢之，旺夫益子。
右弼天相福來臨。
諸宮遇福，丑未亥三宮不貴。
縱貴不久遠，前當主富，若卯酉二陷宮，少稱心意

祿存

一二宮中皆入廟　祿存守於財宅，積玉堆金。
在命方可喜，化祿，同科權，更妙。
祿存子午位，遷移身命逢之利祿宜。

明祿暗祿位至公卿。
雙祿重返終身富貴。
祿逢沖破，吉也成凶。
雙祿守命，呂后專權。祿存厚重多衣祿。
諸宮降福，起家富貴。女人嫁夫，招贅旺財。

天馬

祿馬最喜交馳。
忌見殺羊、火、截路空亡，多主勞苦。
天馬四生，妻宮富貴還當封贈。
馬遇空亡，終身奔走

科權祿

科權祿合，富貴雙全。
祿存亦是祿，祿會祿存，富貴全會。
巨武戍揚科，會魁鉞在命宮極佳。三方次吉，亦在凶多則不美。
祿權命逢合吉，威權壓眾相王朝。

權祿重逢，財官雙美。三方吉多方吉，因聚也不美。
科命權朝，登庸甲第。
或權、或祿，全更佳。為言祿逢迎格。
活祿子午位遷移，夫子文章冠世。
遷移在子午宮，為對面朝天子。
命太陽，化祿在午宮，合比格，餘宮要看吉凶科權祿來為貴格。
如命安在子宮，祿在亥宮，權在丑宮，為夾貴。皆餘倣此。
權祿重逢殺湊，虛譽之隆。
科名陷於凶神，苗而不秀。
如日戌，月卯，化科陷地，或又加羊陀劫空。
祿主纏於弱地，命不主財。
權祿守財福之位，處世榮華。
權祿吉星奴僕位，縱然官貴也奔波。

劫空

劫空夾命為敗局。

假如命安在亥宮，劫在子宮，空在亥宮是也。
歲限行到亦凶，夾忌亦凶孤貧刑傷。
劫空臨限，楚王喪國綠珠亡。
生處劫空，猶如半天折翅。
劫空臨財幅之鄉，生來貧賤。

傷使

天傷加惡曜，仲尼絕糧鄧通亡。

命宮

三夾命凶，六夾吉。
三夾：是劫空、火鈴、羊陀是也。
六夾：是紫府、左右、昌曲、魁鉞、科權祿，日月是也。
若在命，則凶多吉少雖吉也凶，如吉多凶少雖凶也吉，身命三方乃看廟旺。
命無正曜，二姓延生。或過房出維隨母繼拜入贅，或又是庶母所生者。
命逢吉曜，松柏清秀以難凋。
身命官有吉星，太歲大小二限不利，末為凶。

必太歲二限有凶，又且本生人所忌方凶。
限逢凶曜，柳綠桃紅而易謝。
命逢凶限廟旺猶發，達限凶星陷必凶。
命實運生，如旱苗而得雨。
如命限平常，三方有吉星，如限行美地為福。
命衰運弱，如嫩草而遭霜。
如命坐陷忌，歲限又逢惡曜，必刑傷死亡。
命有吉星，官殺重縱。有財官，也辛苦。

身宮

三夾身凶，人夾吉。
夾忌、劫、空、火、鈴、羊、陀凶。六夾貴逢吉甚妙。
身命俱吉，富貴雙全。
身吉命凶，亦為美論。

【通天論】

天道：欲識三元萬法宗，先觀地載與神功。天有陰陽，故春木夏火秋金冬水季月土，得時顯其神功，命中天地人元之理，悉本乎此。日干為天元，地支為地元，支中所為人元。

地道：坤元合德機咸通，五氣偏全定吉凶。地有剛柔，故五行生於東南西北中，與天合德而神其機咸之妙用，賦於人者有偏全之不一，故吉凶定於此。

人道：戴天履地惟人貴，順則吉兮悖則凶。凡物莫不得五行，而戴天履地，惟人稱五行之全，故貴其有吉凶之不一者以其得于五行之順與悖也。

知命：要與人間開聾聵，順悖之機須理會。不知命者，如聾聵，知命者於順逆之機，而理會之，庶可開天下之聾聵，而有功當世也。

理氣：理乘氣行豈有常，進兮退兮宜抑揚。開闢往來皆是氣，而理行乎其間，行之始而進，進之極則為退之機，如三月之甲木是也，行之盛而退，退之極則為進之機，如九月之甲木是也，學者能抑揚其淺深，斯可以言命矣。

配合：配合干支仔細詳，斷人禍福與災祥。

天干地支相為配合，要詳細推其進退之機，始可以斷人之禍福災祥。

天干：五陽皆陽丙為最，五陰皆陰癸為至。

甲丙戊庚壬為陽，獨丙火秉陽之精，而為陽中之陽，乙丁己辛癸為陰，獨癸水秉陰之精而為陰中之陰

五陽從氣不從勢，五陰從勢無情義。

五陽得陽之氣，即能成乎陽剛之事，不畏才煞之勢，五陰得陰之氣，即能成乎陰順之義，故木盛則從木，火盛則從火，金盛則從金，水盛則從水，土盛則從土，于情義之所在者，見其勢衰則忘之矣，蓋婦人之情如此，若得氣順正，亦未必從勢而忘義，雖從其性，亦必正者矣。

論天干：

甲木：甲木參天，脫胎要火，春不容金，秋不容土，火熾乘龍，水蕩騎虎，地潤天和，植立千古。純陽之木，參天雄壯，火者木之子也，旺木得火而愈敷榮，生於春則助火，而不能容金也，生於秋則助金，而不能容土也，寅午戌丙丁多見而坐辰，則能受之，申子辰壬癸多見而坐寅，則能納之，使土氣不乾，水氣不消則能長生矣。

乙木：乙木雖柔，圭羊解牛，懷丁抱丙，跨鳳乘猴，虛濕之地，騎馬亦憂，藤蘿繫甲，可春可秋。乙木者，如生於春之桃李，夏之禾稼，秋之桐桂，冬之奇葩，坐丑未能制柔土，如圭宰羊解割牛，然只要有一丙丁，則雖生申酉之月亦不畏之，生於子月而又庚辛壬癸透者，則雖坐午亦難發生，故知申酉丑未月為美，甲與寅名見，如弟從兄之義譬之藤蘿附喬木何畏砍伐哉。

丙火：丙火猛烈，欺霜侮雪，能鍛庚金，逢辛反怯，土眾生慈，水猖顯節，虎馬犬鄉，甲來成滅。火陽精也，丙火燦陽之至，故猛烈不畏秋而欺霜，不畏冬而侮雪，庚金雖頑，力能鍛之，辛金本柔，合而反弱，土其子也，見戊己多而成慈愛之德，水其君也，遇壬癸旺而顯忠節之風，至於未遂炎上之性，而遇寅午戌一二位者，露甲木則燥而焚滅也。

丁火：丁火柔中，內性昭融，抱乙而孝，合壬而忠，旺而不烈，衰而不窮，如有嫡母，可秋可冬。丁屬陰火，性雖陽柔而得其中矣，外柔煩而內文明，內性豈不昭融乎，乙丁之嫡母也，乙畏辛而丁抱之，不若丙抱甲而反能焚甲木也，不若己抱丁而反能晦丁火也，其孝異乎人矣，壬丁之正君也，壬畏戊而丁合之，外則撫恤戊土，能使戊土不欺乎壬也，內則暗化木，神能使戊土不敢抗乎壬也，其忠異乎人矣，生於夏令雖逢丙火，特讓之而不助其焰，不至於烈矣，生於秋冬，得一甲和則倚之不波而焰至於無窮也，故曰可秋可冬，皆柔之道也。

戊土：戊土固重，既中且正，靜翕動闢，萬物司命，水潤物生，火燥物病，若在艮坤，怕沖宜靜。戊土非城牆隄岸之謂也，較己土特高厚剛燥，乃己土之發源地也，得乎中氣而且正大矣，春夏則氣闢而生萬物，故為萬物之司命也，其氣屬陽，喜潤不喜燥，坐寅怕申，坐申怕寅，蓋沖則根動，非地道之正也，故宜靜己土卑濕，中正蓄藏，不愁木盛，不畏水狂，火少火晦，金多金光，若要物旺，宜助宜幫己土卑薄軟濕，乃戊土枝葉之地，亦主中正而能畜藏萬物，故土雖柔而能生木非木所能剋，故不愁木盛，土深而能納水，非水所能蕩，故不畏冰狂無根之火，不能生濕土，故人少而火晦，濕土能潤金氣，故金多而金光，此其無為而有為之妙用，若要萬物充盛長旺，惟土勢固厚，又得中和之氣溫暖方可。

己土：己土卑濕，中正蓄藏，不愁木盛，不畏水旺，火少火晦，金多金明，若要物昌，宜助宜幫。

庚金：庚金帶煞，剛健為最，得水而清，得火而銳，土潤則生，土乾則脆，能贏甲兄，輸於乙妹。庚金乃天上之太白，帶煞而剛健，健而得水，則氣流而清，剛而得火，則氣純而銳有水之土，能全其生，有火之土，能使其脆，甲木雖強，力足伐之，乙木雖柔，合而反弱矣。

辛金：辛金軟弱，溫潤而清，畏土之多，樂水之盈，能扶社稷，能救生靈，熱則喜母，寒則喜丁。辛乃陰金，非珠玉之謂也，凡溫軟清潤者，皆辛金也，戊土多而能埋，故畏之壬水多而必秀，故樂之，辛丙之臣也，合丙化水，使丙火臣服壬水，而扶社稷，辛甲之君也合丙化水，使丙火不焚甲木，而救生靈，生於夏而得己土，則能晦火而存之，生於冬而得丁火，則能敵寒而養之，故辛金生於冬月，會見丙火，則男命不貴，雖貴亦不忠，女命剋夫，不剋亦不和，見丁火，則男女皆貴且順。

壬水：壬水通河，能洩金氣，剛中之德，週流不滯，通根透癸，沖天奔地，化則有情，從則相濟。壬水則癸水之源，發於崑崙，癸水即壬水之歸宿，扶桑之水，有分有合，運行不息，所以為百川也，亦為雨露也，是不可歧而二之，申為天關，乃天河之口，水生此，能發西方金氣，週流之性，漸進不漸，剛中之德猶然也，若中子辰全，而又透癸，其勢沖奔不可遏也，如東海發端於天河，每成水患，命中遇之，若其用財官者，其禍福當何如哉，合丁化木，又生丁火，可謂有情能制丙火，不奪丁火之愛故為夫義而君仁，生於九夏，則巳午未中火土之氣，得壬水薰蒸而成雨露，故雖從火而未嘗不濟也。

癸水：癸水至弱，達於天津，得龍而潤，功化斯神，不愁火土，不論庚辛，合戊見火，化象斯真。癸水，乃陰之純而至弱，故扶桑有弱水，至達於天津，得龍而成雲雨，乃能潤澤萬物，功化斯神，凡柱中有甲乙寅卯，皆能運水氣，生木制火，潤土養金，為貴格，火土雖多不畏，至於庚辛，則不賴其生，亦不忌其多，惟合成土化火，何也，戊生於寅癸生於卯，卯屬東方，故能生如火，此一說也，不知地不滿東南，戊土之極處，乃癸水之盡處，乃太陽起方也，故化火，凡戊癸得丙丁透者，不論衰旺秋冬，皆能化火最為真也。

論地支：

陽支動且強，速達顯災祥。子寅辰午申戌，為陽也，其性動，其勢強，其發至速，其災祥至顯。

陰支靜且專，否泰每經年。丑卯巳未酉亥為陰也，其性靜，其氣專，其發不速，而否泰之驗每至經年而後見。

生方怕動庫宜開，敗地逢沖仔細推。寅申巳亥，生方也，忌沖動，辰戌丑未，四庫也，宜沖則開，子午卯酉，四敗也，有逢合而喜沖者，不若生地之必不可沖也，有逢沖而喜合者，不若庫地之必不可閉也，仔細詳之。

支神只以沖為重，刑與穿兮動不動。沖者，必是相剋也，及四庫如兄弟之沖，所以必動，至於刑穿之間，又有相生相合者存，所以有動不動之異，故為輕也。

暗沖暗合尤為喜，彼沖我沖皆沖起。如柱中所無所缺之局，取多者，暗沖暗會，沖起暗神而來會合，暗神比明沖明會尤佳，如子來沖午，寅與戌會合者，是日干為我，提綱為彼，提綱為我，年時為彼，四柱為我，歲月為彼，彼寅我申是彼沖我，我子彼午，是我沖彼，皆為沖起。

旺者沖衰衰者拔，衰神沖旺旺者發。如子旺午衰，子沖午則午拔不能立，子衰午旺，子沖午則午發而為福，餘皆倣此。

干支論：

陰陽順逆之說，洛書流行之用，其理信有之也，其法不可執一。陽生陰死，陽順陰逆，此理出於洛書，流行之用，固信有之，然甲木死於午，午為洩氣之地，理固然也，而乙木死於亥，亥中有壬水，乃其嫡母，何為死哉，凡此皆詳其干支輕重之機，母子相依之勢，陰陽消息之理，而論吉凶可也，若專執生死一說推斷則有誤矣。

故天地順遂而精粹者昌，天地乖悖而混亂者亡，不論有根無根，俱要天覆地載。天全一氣，不可使地道莫之載。四干四乙，而遇寅申卯酉為地不載地全三物，不可使天道莫之覆。寅卯辰，亥卯未，而遇甲乙庚辛，則天不覆，故不論全一氣與三物者，皆要天覆地載不論有根無根，皆要循其氣序，干支不反悖為妙。

陽乘陽位陽者昌，最要行程安頓。六陽之位，獨子寅為陽方，為陽位之純，五陽居之旺矣，最要行運陰順安頓之地。陰乘陰位陰氣盛，還須道路光亨。六陰之位，獨未酉亥為陰方，乃陰位之純，五陰居之旺矣，最要行陽順光亨之運。

地生天者，天衰怕衝。如戊寅壬申丙寅己酉皆長生日主，如主衰逢沖，則根拔而禍尤甚矣。

天合地者，地旺宜靜。如丁亥、戊子、甲午、己亥、辛巳、壬午、癸巳之類，皆支中人元，與天干相合者，此乃坐下財官之地，若旺則宜靜不宜動。

甲申戊寅直為殺印相生，癸丑庚寅也坐兩神興旺。兩神者，殺印也，庚見寅中火土，卻多甲木，又以財論，癸見丑中土金，卻多癸水，則幫身，不如甲見申中壬水庚金，戊見寅中甲木丙火之為真也。

上下貴乎有情，左右貴乎同志。官，旺則得其用矣，不直沖壞。

天干地支，雖非相生都要有情而不反悖，上下左右，雖不全一氣三物，卻須生化不錯。始其所始，終其所終，福壽富貴，永乎無窮。

年月為始，日時不反悖之，日時為終，年月不妒害之，凡局中所喜之神，引干時支有所歸著，為始終得所，則富貴福壽，可以永乎無窮矣。

形象論：兩氣合而成象，象不可破也。

天干屬木，地支屬火，天干屬火，地支屬木，其象屬一，若見金水則破，餘仿此。五氣聚而成形，形不可害也。木必得水而生，火以行之，土以培之，金以成之，是以成形於要緊之地，或過或缺則為害，餘仿此。

獨象喜行化地，而化神要昌。一者為獨，曲直炎上之類是也，所生者為化神，化神昌旺其喜氣流行，然後行財官之地方可。

全象喜行財地，而財神要旺。三者為全，有傷官而又有財是也，主旺喜財旺，而不行官煞之地方可。形全者宜損其有餘，形缺者宜補其不足。

方局論：方是方兮局是局，方要得方莫混局。寅卯辰，東方也，搭一支亥卯未，則為太過，豈不為混局哉。

局混方兮有純疵，行運喜南還喜北。亥卯未木局，混一寅卯辰則木強，運行南北雖有純疵俱利。

若然方局一齊來，須是干頭無反覆。木局木方全者，須天干全順，得序行運不悖尤妙。

成方干透一元神，生地庫地皆非福。如寅卯辰全者日主甲乙木，則透元神而又遇亥之生，未之庫，決不發福，惟有純一火運略好。

成局干透一官星，左邊右邊空碌碌。甲乙日，遇亥卯未全者，庚辛乃木之官也，又見左辰右寅，則名利無成，詳例自見甲乙日單遇庚辛，亦無成矣

格局論：傷官食神正財偏財正官偏官正印偏印。

財官印綬分偏正，兼論食神八格定。自形象氣局之外而格局之最真者，月支之神透天干也，以散亂之天干而尋其得所附於提綱者，非格也，自八格之外，若曲直五格之類，亦皆為格，而方局氣象定之者，又不可言格也，五格之外，飛天與合祿雖為格，而可以彼理移論，亦不可以言格也。影響遙繫既為虛，雜氣財官不可拘。飛天合祿之類，即為影響遙繫，而非格矣，如四季月生人，具當取土為格，不可言雜氣才官，戊己日生於四季，當看人元透於天干者取格，不可以一概雜氣論之，至於建祿，同支羊刃，亦當看月令中人元透於天干者取格，若不合氣象形局則又無格局矣，只取用神，用神又無所取，只得看其大勢，以皮面上斷其窮通，不可執格論也。

體用論：道有體用，不可以一端論也，要在扶之益之，得其相宜。

下有體用俱滯者，如木火俱旺，不遇金土則俱滯，不可一端定也，然體用之用，與用神之用有別，若以體用之用為用神，固不可，舍此而別求用神，則又不可，只要斟酌體用真了於此，取緊要者為用神，若二三四五用神者非妙，須抑揚其輕重，毋使有餘不足。

精神論：人有精神，不可以一偏求，要在損之益之得其中。

有以日主為體，提綱為用，日主旺，則提綱有食傷財官者，皆為我用，日主弱而提綱有物幫身，以制其強神者，亦皆為用，提綱為體，喜神為用者，日主不能用其提綱矣，提綱才官食傷太旺，則取年月時上印比為喜神，提綱印比太旺則取年月時上食傷財官為喜神，此二者皆體用之正法也，有以四柱為體，暗神為用者，必四柱俱無可用之神，方取暗沖暗合之神也，有以四柱為體，化神為用者，四柱有合神，而無用神，即以四柱為體，而以化合之神可用，而即為用神矣，有以化神為體，四柱為用，蓋化之真者，即以化神為體也，如四柱中與化神相生相剋者，則又取以為用也，有以四柱為體，歲運為用者，有以喜神為體，輔所喜之神為用，所喜之神，不能自用，以為體，則用輔喜之神矣，有以格象為體，日主為用者，須八格氣象，及暗神化神客神忌神，皆成一個體段，若是一面格象，與日主無干者，或傷剋日主太過，或幫扶日主太過，中間要尋體用辨處，而又無形跡，只得用日主自去引生喜神，別求活路為用矣，有以日主為用，有用過於體者，如用食神，而財官食神盡行隱伏，及太發露浮散者，雖美亦過度矣，有用立而體行，有體立兩用行者，體用之理也，如用神不可於流行之地，且又行助體之運，則不妙，有體用各立者體用皆旺，不分勝負，行運又論輕重，上精氣神氣皆元氣也，大率五行以金水為精氣，木火為神氣，而土所以實之也，有神足不見其精而精自足者，有精足不見其神而神自足者，有精缺神索而日主又孤弱者，有神不足而精有餘者，有精神俱缺而氣旺者，有精神俱旺而氣衰者，有精缺而神助之者，有神缺而得精以生之者，有精助精而精反洩無氣者，有神助神而神反斃無氣者，二者皆由氣以主之也，凡此皆不可偏求也，俱要損益其進退，不可使有過不足也。

月令提綱之府，譬之宅也，人元用事之神，宅之定向也，不可以不卜。

令星乃三命之至要，氣象得令者吉，喜神得令者吉，令其可忽乎，月令如人之家宅支中之三元，乃定宅中之向道，又不可以不卜，如寅月生人，立春後七日戊土用事，八日後十四日前者，丙火用事，十五日後，甲木用事，知此可以取用，亦可以取格矣。

生時歸宿之地，譬之基也，人元用事之神，墓之穴方也，不可以不辨。子時生人，前三刻三分壬水用事，後三刻七分癸水用事，其寅月生人，戊土用事何如，丙火用事何如，甲本用事何如，局中所用之神與壬水用事者何如，窮其淺深如墓墳之定方道，斯可以斷人之禍福矣，至於同年月日時，而人各不同其應者，當究其時之先後，又論山川之異，世德知殊，十有九驗，其有不然者，不過此則有官，彼則子多，此則財多，彼則妻美，乃小異耳，夫山川之異，不惟東西南北迥乎不同者宜辨之，即一邑之家，而風聲氣習不能一律也，世德之殊不惟富貴貧賤絕乎不侔者宜辨之，即同門共戶而善惡邪正不能盡齊也，學者可以知其興替矣。

衰旺論：能知衰旺之真機，其於三命之奧，思過半矣。

旺則宜洩宜傷，衰則喜幫喜助，子平之理也，然旺中有衰者，存不可損也，衰中有旺者，存不可益也，旺之極者不可損，以損在其中矣，衰之極者不可益，以益在其中矣，至於實所當損者而損之反凶，弱所當益者而益之反害，如此真機皆能知之，又何難於詳察三命之微奧焉。

中和論：既識中和之正理，而於五行之妙，有能全焉。

中而且和，子平要法也，有病方為貴，無傷不是奇，舉傷而言之也，至格中如去病才祿兩相宜，則又中和矣，到底要中和為至貴，若當令氣數，或身弱才宮旺而取富貴者，不必中和也，用神強而取富貴者，不必中和也，偏氣古怪而取富貴者，不必中和也，何則以天下之才官止有此數者，而天下人才為最多者，尚於邪巧也。

源流論：何處起根源，流到何方住，機括此中求，知來亦知去。

不必論當令不當令，具論取最多最旺者，而可以為歸局之宗祖者，即為源頭也，看此源頭流到何方，流去之處，是所喜之神，即在此住了，乃為歸路，如辛酉癸巳戊申丁巳，以火為源頭，至金水之方，即流住了，所以富貴為最，若再流至木地，則氣洩為亂，如未曾流至去方，中間即為阻節，看其阻住之神何神，以斷其休咎，流住之地何地，以知其地位，如癸丑壬戌癸丑壬子，以土為源頭止水方只生得一介身子，而戌中火土之氣，得從而引氣，所以為僧也。

通關論：關內有織女，關外有牛郎，此關若通也，相邀入洞房。

天氣下降，地氣上升，欲相合相生也，木土而得火，火金而得土，土水而得金，金木而得水，皆是牛郎織女之有情也，若中間上下懸隔，為物所間，前後遠絕，或被刑沖，或被劫占，或隔一物，皆為關也，如得引用會合之神，及刑沖所間之物，前後上下援引得來，能勝劫占之神，能補所缺之物，則明見暗會，歲運相逢，乃為通關也，關通而願遂矣，不猶牛郎織女之入洞房哉。

官煞論：官煞相混來問我，有可有不可。

煞即官也，同流同止可混也，官非殺也，各立門牆不可混也，煞重矣，官從之，非混也，官輕矣，煞助之，非混也，敗財比肩雙至者，煞可使官混也，一煞而遇食傷者，官助之非混煞也，勢在於官，官有根而煞之情依乎官矣，依官之煞，歲助之而混官，不可也，勢在於煞，煞有根官之勢依乎煞矣，依煞之官歲助之而混煞，不可也，藏官露煞，干神助煞，合官留煞，皆成煞氣，不可使官混也，藏煞露官，干神助官合煞留官，皆從官象，不可使煞混也。

傷官論：傷官見官果難辨，可見不可見。

身弱而傷官旺者，見印而可見官，身旺而傷官輕者，見財而可見官，傷官旺而財神輕，有比劫而可見官，日主旺而傷官輕，無印綬兩可見官，傷官旺而無財，一遇官而有禍，傷官旺而身弱，一遇官而有禍，傷官弱而見印，一見官而有禍，大約傷官有財，皆可見官，傷官無財，皆不可見官，又要看身強身弱，合財官印綬比肩不同方，可不必分金木水火土也，又曰傷官用印無財，不宜見財，傷官用官無印，不宜見印，須仔細詳之。

清濁論：一清到底有精神，管取生平富貴真，澄濁求清清得去，時來寒谷也回春。

清者，非從一氣成局之謂也，如正官之格，身旺有財，身弱有印，並無傷官七煞混之，縱有比肩食神印綬才煞雜之，皆循序得所有安頓，或作閑神不來破局，乃為清奇，又要有精神不枯弱者佳，濁者非五行並出之謂也，如正官之格，身弱混以煞以財以食神，不能傷我之官反與官星不和，印綬雜之，不能扶我之身，反與才星相伐，俱為濁，或得一神有力，或行運得所，以掃其濁氣，沖其濁氣，皆為澄濁以求清，作富貴之命看矣。

滿盤濁氣令人苦，一局清枯也苦人，半濁半清猶是可，多成多敗度晨昏。

四柱中尋他清處不出，行運又不能去其濁氣，必是貧賤命，若清又要有精神方為妙，如枯弱無氣，行運又不能生旺地，亦清苦之人，濁氣又難去，清氣又不真，行運又不遇清氣，又不脫濁氣者，雖然成敗不一，不過悠忽了此生耳。

真假論：令上尋真聚得真，假神休要亂真神。

真神得用平生貴，用假終為碌碌人。

如木火透者，生寅月聚得真，不要金水亂之，真神得用不為忌神所害，則貴，如參以金水猖狂，而用金水，是金水又不得令，徒與木火不和，乃為碌碌人矣。

真假參差難辨論，不明不暗受朣屯，提綱不與真神照，暗處尋真也有真。

真神得令，假神得局而黨多，假神得令，真神得局而黨多，不見真假之跡，或真假皆得令得助，不能辨其勝負，而參差者，其人雖無大禍，一生屯否而少安樂，寅月生人，不透木火而透金為用神，是為提綱不照也，得己丑暗邀戊己轉生卯沖酉，乙庚暗化，氣轉西方，亦為有真，亦或發福，已上特舉真假一端言耳，其會局合神從化，用神衰旺，情勢象格，心跡才德邪正，緩急生死進退之例，莫不有其真假，宜詳辨之。

剛柔論：剛柔不一也，不可制者，引其性情而已矣。

剛柔相濟，不必言也，太剛者，濟之以柔，而不得其情，則反助其剛矣，譬之武士而得士卒，則成殺伐，如庚金生於七月，遇丁火而激其威，遇乙木而助其暴，遇己土而成其志，遇癸水而益其銳，不如以柔之剛濟之可也，壬水是也，壬水有正性，而能引通庚金之情故也，若以剛之剛者激之，其禍曷勝言哉，太柔者濟之以剛而不馭其情，則反益其柔也，譬之弱婦而遇恩威則成淫賤，如乙木生於八月，遇甲丙壬而喜則輸情，遇戊庚盛而畏則失身，不如以剛之柔者濟之可也，丁火是也，蓋丁火有正情，則能引動乙木之情故也，若以柔之柔者合濟之，其弊又當何如哉，餘皆例推。

順逆論：順逆不齊也，不可逆者，順其氣勢而已矣。

剛柔之道，可順而不可逆也，崑崙之水可順而不可逆也，其勢已成，可順而不可逆也，權在一人可順而不可逆也，二人同心可順而不可逆也。

寒溫濕燥論：天道有寒煖，發育萬物，人道得之不可過也。

陰支為寒，陽支為煖，西北為寒，東南為煖，金水為寒，木火為煖，得氣之寒遇煖而發，得氣之煖逢寒則成，寒之甚，煖之至，內非一二成象，必無好處，若五陽逢子月，則一陽後萬物懷胎，陽乘陽位，可東可西，五陰逢五月，則一陰後萬物收藏，陰乘陰位，可南可北。地道有濕燥，生成品彙，人道得之不可偏也。

過於濕者，滯而無成，過於燥者，烈而有禍，水有金生遇寒土而愈濕，火有木生遇暖土而愈燥，皆偏也，如水火成其燥者吉，木火傷官要濕也，土水而成其濕者吉，金水傷官要燥也，間有土水宜燥者，用土而後用火，金脆宜濕者，用金而後用水

隱顯聚寡論：吉神太露，起爭奪之風，凶物深藏，成養虎之患。

局中所喜之神透於天干者，歲運不遇忌神，不至爭奪，所以暗用吉神為妙，局中所忌之神伏藏於地支者，歲運扶之沖之則為患不小，所以忌神須制化得所者為吉。

衆寡論：抑強扶弱者常理，用強舍弱者元機。

強寡而敵眾者，喜強而助強者吉，強眾而敵寡者，惡敵而敵眾者滯。

震兌坎離論：震兌主仁義之真機，勢不兩立，而有相成者存。

震在內兌在外，月卯日亥或未，年丑或巳，時酉是也，主之所喜者在震，以兌為敵國用火攻，主之所喜者在兌，以震為奸宄，備禦之而已，不必盡去，兌在內震在外，月酉日丑或巳，年未或亥，時卯者是也，主之所喜者在兌，以震為游兵，易於滅而不可黨震也，主之所喜者在震，以兌為內寇，難於滅而不可助兌也，以水為說客相間之於上下，或酉年巳月卯日丑時，亥年申月庚日申時之類，亦論主之所喜所忌者何如，而論攻備之法，然金忌木，木帶火，木不傷土者，不必去木也，若木忌金而金強者，不可戰，惟秋金而木茂，木終不能為金之害，反以成金之仁，春木而金盛，金實足以制木之性，反以全木之義，其月提是木年日時皆金者，不必問主之所喜所忌，而亦宜順金之性，凡月提是金，年月時皆是木，不必問主之所喜所忌，而亦宜成金之性。

坎離宰天地之中氣，成不獨成，而有相成者在。

天干透壬癸，地支屬離，為既濟，要天氣下降，天干透丙丁，地支屬坎為未濟，要地氣上升，天干皆水，地支皆火為交姤，交姤身強則富貴，天干皆火地支皆水為交戰，交戰身弱豈能富貴，坎外離內謂之未濟，主之所喜者在離，要水，離內坎外謂之既濟，主之所喜者在坎，要火，水火相間於天干，以火為主而水盛者存，坎離相間於地支，喜坎而坎旺者昌，夫子午卯酉專氣也，其相制相持之勢，宜悉辨之，若四生四庫之神，皆所以黨助乎子午卯酉者，其理方可詳推矣。

六親論：夫妻姻緣宿世來，喜神有意傍天財。

妻與子一也，局中有喜神，一生富貴在於是，妻子在於是，大率依財看妻，如喜神即是財神，其妻美而且富貴，喜神與財神不相妒忌亦好，否則剋妻，亦或不美，或欠和，然看才神又有活法，如才神薄須用助才，才旺身弱又喜比劫，才神傷印者，要官星，才薄官多者要傷官，才氣未行，要沖者沖，洩者洩，才氣流通要合者合，庫者庫，若才神洩氣太重，比劫太露，及身旺無才者，必非夫婦全美也，至於才旺身強，必富貴而多妻妾，用者當審辨其輕重如何。

子女根枝一世傳，喜神看與煞神聯。

大約依官看子，如喜神即是官星，其子賢俊，喜神與官星不相妨亦好，否則無子，或不肖，或有剋，然看官星，又須活法，如官輕要助官，煞重身輕，又須印比，無官只論才，若官星阻滯，要生扶沖發官星，洩氣大重，須合逢助，若煞重身輕而無子者，多女。

父母或興與或替，歲月所關果非細。

子平之法，以才為父，以印為母，而斷其吉凶，十有九驗，然看歲月為緊，歲氣有益於月令者，及歲月不傷夫喜神者，父母必昌，歲月才氣斲喪於時支者，先剋父，歲月印綬斲喪於時支者先剋母，又須活看局中之大勢，不可專論才印者，中間隱隱露露，其興亡之機，不必在才印，看生才生印，與才生印生之神而損益舒配，並及陰陽多寡之論，無不驗矣。

兄第誰廢與誰興，提用才神問重輕。

敗才比肩羊刃皆兄弟也，要在提綱之神，與才神喜神較其輕重，才官弱，三者顯其攘奪之跡，兄弟亦強，才官旺，三者出而助主之功，兄弟必美，身與才官兩平，三者伏而不凶，兄弟必貴，此肩重而傷官才煞亦旺者，兄弟必富，身旺而三者不顯，有印，兄弟必多，身旺而三者又顯，無官，兄弟必衰。

何知其人富，財氣通門戶。才旺身旺官星衛才，忌印而才能壞印，喜印而才能生官，傷官重而才神重，才神重而傷官有限，無才而暗成財局，才露而傷官亦露者，此皆才氣通門戶，所以富也，夫論才與論妻之法可相通也，然有妻賢而才薄者，亦有才富而妻傷者，看刑沖會合，但才神清而身旺者妻美，才濁而身旺者家富。

何知其人貴，官星有理會。官旺身旺而印衛官，忌劫而官能制劫，喜印而官能生印，才星旺而官星通達，官星旺而才神有氣，無官而暗生官局，官星藏而才神亦藏者，此皆官星有理會，所以貴也，論官與論子之法可相通也，然有子多而無官者，有顯身而無子者，亦看刑沖會合，但官星清而身旺者必主多子，至於得象得氣得局得格者，妻子富貴俱全。

何知其人貧，才神反不真。才神不真者，不但洩氣被劫也，傷輕才重，才輕官重，傷重印輕，才重劫輕，皆為才神不真也，若中有一位清氣，則不賤矣。

何知其人賤，官星還不見。官星不見，不但失令被傷，財輕官重，官輕印重，才重無官，官重無印，皆是官星不見，若中有一位濁氣，不貧亦賤，至於用神無力，忌神太過，敵不受降，助旺欺弱，主從失宜，及歲運不輔者，既貧且賤。

何知其人吉，喜神為輔弼。柱中所喜之神，左右始終皆得其力者必吉，然大勢平順內體堅厚，主從得宜，縱有一二忌神來攻擊日主，亦不為凶，譬之國內安和，不愁外寇。

何知其人凶，忌神展轉攻。才神與用神無力，不過無所發達而已，不帶刑凶，至於忌神大多，或刑或沖，歲運助之，相為攻擊，局內無備禦之神，又無主從，必主刑傷破敗，且犯罪受難，到老不吉。

何知其人壽，性定元氣厚。靜者壽，柱中無沖無合，無缺無貪，則定性矣，元氣厚者，不特精氣神氣全，而官星不絕，才神不滅，傷官有氣，身弱印輕，提綱輔主，用神有力，時上生根，運無絕地，皆是元神厚處，細究之大率，甲乙寅卯之氣不遇沖戰洩氣，偏旺浮泛，而安頓得所者，必壽，木屬仁，仁者壽，每每有驗，故敢施之於筆，若貧賤之人而亦有壽，以其得氣僅一個身旺，或身弱而運行生地，小小與他衣食不缺可矣。

何知其人夭，氣濁神枯了。氣濁神枯之命極易看，印綬太旺，日主無看落，才煞太旺，日主無依倚，喜神與忌神雜戰，四柱與行運反沖，絕而不和，靜而不專，濕而不滯，燥而不鬱，精流氣洩，皆壽夭之人。

女命論：論夫論子要安詳，氣靜和平婦道彰，

二三奇德虛好話，咸池驛馬半推詳。

局中官星明順，夫貴而吉，理自然矣，若官星太旺，以傷官為夫，官星太微，以才為夫，比肩旺而無官，以傷官為夫，傷官旺而無才官，以印為夫，滿局官星欺日主者，喜印綬而官不剋主也，滿局印星傷洩官星之氣者，喜才星而身不剋夫也，大率與男命論貴論子之理相似，局中清顯，子貴而親不必言也，其傷官旺以印為子，傷官無氣以此肩為子也，印綬旺無傷官者以才為子也，才官旺而洩食傷氣者，以此肩為子也，不必專執官星論夫，專執食傷論子，但以安詳順靜為貴，二德三奇不必論，咸池驛馬雖有驗，總之於理不長，其中究論，不可不詳。

小兒論：論才論煞論精神，四柱平和易養成，

氣勢攸長無斲喪，關星雖有不傷身。

才庫不黨，才生煞主旺，精神貫足，干支安頓和平，又要看氣勢，如在日主雄旺，氣勢在於才官，而才官不劫日主，氣勢在東南，而五七歲之前不行西北，氣勢在西北，而五七歲之前不行東南，行運不逢斲喪，此為氣勢攸長，雖有關煞不傷身，

才德：德勝才者，局全君子之風，才勝德者，用顯多能之象。清利平順，主輔得宜，所合者皆正人，所用者皆正氣，不必節外生枝，不必弄假成真，才官喜神皆足以了其平生不生貪戀之私，度量寬宏，施為必正，皆君子之風也，財薄而力量足以貪之，官卑而志雄，必欺求之，混濁破害，主弱輔強，爭合邪神，三四用神，皆心事奸貪，作事僥倖，為多能之象，大約陽在內，陰在外，不敬不沖者為德勝才，如丙寅戊辰月日卯癸卯年時，皆是，若陽外陰內，則畏勢趨利此為才勝德矣。

奮鬱：局中顯奮鬱之機者，神舒意暢，象內多沈埋之氣者，心鬱志灰。陽明用事，用神得力，天地交泰，神顯精通，必多奮發，陰晦用事，情多繼私，主弱臣強，神藏精洩，必多困鬱，純陽之勢，身旺而才官旺者，必奮，純陰之局，身弱而官煞多者亦困。

恩怨：兩意情通中有媒，雖然遙立意追陪，有情卻被人離間，怨起恩中死不灰。

喜神合神，兩情相通，又有人引用生化，如有媒矣，雖是隔遠分立，其情自相和好，故有恩而無怨，若合神喜神雖有情，而忌神離間求合不得，則終身為怨，至於可憎之神，遠之

為妙，可愛之神，近之尤切，邂逅相逢，不勝其樂。

閑神：閑神用去麼，不去何妨莫動他，半局閑神任閑著，要緊之場自作家。

喜神不必多也，一喜而十備矣，忌神不必多也，一忌而十害矣，自喜忌之外，不必以為喜，不足以為忌，皆閑神也，如以天干為用，成氣成合，而地支之神，虛脫元氣，沖合自適，升降無情，如以地支為用，成局成合，而天干之神，游散浮泛，不礙日主，主陽輔陽，而陰氣停泊，不沖不動，不合不助，主陰輔陰，而陽氣停泊，不沖不動，不合不助，日月有情，年時不顧，日時間斷，年月不顧，不害不沖，無情無合，雖有閑神只不去動他，但要緊之地，須自結營寨，至於運道，即行自家邊界，尤為要也。

絆神論：出行要向天涯遊，何事裙釵恣意留。

本欲奮發有為者也，而日主有合，不顧用神，用神有合不顧日主，不欲貴而遇貴，不欲祿而遇祿，不欲合而遇合，不欲生而遇生，皆有情而反無情，如裙釵之留，不能去也。

不管白雲與明月，任君策馬朝天闕。日主乘用神而馳驟，無私意牽制也，用神隨日主而馳驟，無私情羈絆也，足以成其大志，是無情而反有情也。

從象：從得真者只論從，從神又有吉和凶。日主孤弱無氣，天地人元絕無一毫生扶之力，才官強甚，乃為真從也，當論所從之神，如從才即以才為主，才神是木又要看意向，或要火要土要金而行運得所者必吉，否則凶，餘皆仿此。

化象：化得真者只論化，化神還有幾般話。

如甲日主，生於四季，單透一位己土在月時上合之，不遇壬癸甲乙戊己，而有辰字乃為化得真，又如丙辛生於冬月，戊癸生於夏月，乙庚生於秋月，丁壬生於春月，獨自相合，又得龍以運之，此皆真化矣，又論化神，如甲己土，土陰寒，要火土昌旺，土太旺，要用水為財，木為官，金為食傷，隨其所向，論其喜忌，再見甲乙，亦不可以爭合妒合論，蓋化真矣，如烈女不更二夫，歲運遇之，皆閑神也。

假象：真從之家有幾人，假從亦可發其身。

日主弱矣，才官強矣，不能不從，中有所助，及暗生者，從之不真，至於行運才官得地，雖是假從，亦可助富貴，但其人不能免禍，或者心地不端耳。

假化：假化之人亦多貴，異姓孤兒能出類。

日主孤弱，而遇合神真，不能不化，但暗扶日主，合神又虛弱，又無龍以運之，不為真化，至游歲運扶起合神，制伏助神，雖為假化，亦可取用，雖是異姓孤兒，亦可出類拔萃，但其人多執滯偏拗，作事屯亶，骨肉欠遂。

順局：一出門來要見兒，吾兒成氣搆門閭，從兒不論身強弱，只要吾兒又遇兒。

此與從象成象傷官不同，只取我生者為兒，如木遇火成氣象，不論日主強弱，而又看火能生土氣，又成生育之勢，此為一氣流通、必然富貴矣。

反局：君賴臣生理最微，兒能生母洩天機，母慈滅子關頭異，夫健何為又怕妻。

木君也土臣也，木浮水泛，土止水，則生木，木旺火熾，金伐木，則生火，火旺土焦，水剋火，則生土，土重金埋，木剋土，則生金，金旺水濁，火剋金，則生水，皆君賴臣也，其理最妙，木為母，火為子，木被金傷，火剋金則生木，火遭水剋，土剋水則生火，土遇木傷，金剋木則生土，金逢火煉，水剋火則生金，水因土塞，木剋土則生水，皆兒能生母，母意能奪天機，木母也，火子也，木旺謂之慈母，反使火熾而焚滅子火，土金水亦如之，木夫也土妻也，木雖旺，土生金而剋木，是謂夫健而怕妻，火土金水亦如之，其有水逢烈火而生土，火逢寒金而生水，水生金者，潤地之燥，火生木者，解木之凍，火焚木而水竭，土滲水而木枯，皆為反局，學者細推詳其元妙。

水泛木浮，土止水則生木。

木旺火晦，金伐木則生火。

火炎土焦，水剋火則生土。

土重埋金，木剋土則生金。
金旺水濁，火剋金則生水。
木被金削，火剋金則生木。
火遭水滅，土剋水則生火。
土遇木傷，金剋木則生土。
金逢火鎔，水剋火則生金。
水因土塞，木剋土則生水。

戰局：天戰猶自可，地戰急如火。

干頭遇甲乙庚辛，謂之天戰，而得地順靜者無害，地支寅申卯酉，謂之地戰則干不能為力，其勢速凶，蓋天主動，地主靜故也，若或甲寅乙卯庚申辛酉皆見，謂之天地交戰，必凶無疑，遇歲合之會之，視其勝負，亦有可存可發者，其有兩沖者，只得一個合神有力，或會神庫神貴神，以收其動氣，息其爭氣，亦為佳美，至於喜神伏藏死絕者，又要沖動，引用生發之機也。

合局：合有宜不宜，合多不為奇。

喜神有能合而助之者，以庚為喜神，得乙合而助金，凶神，有能合而去之者，以甲為凶神，得己合而去木，動局有能合而靜者，如子午相沖，得丑未合而靜，生局有能合而成者，如甲生於亥，得寅合而成，皆是也，如助其凶神之合，如己為凶神，甲合之，則為羈絆，喜神之合，如乙是喜神，庚合之，則羈絆掩蔽，動局之合，丑未喜神子午合之，則閑生局之合，不喜甲木，寅亥合之，則助，皆不宜也，大約多合則不流通，不奮發，雖有秀氣亦不為奇矣。

君象：君不可亢也，貴乎損上以益下。

日主為君，才神為臣，如甲乙滿盤是木，內有一二土氣，是君盛臣衰，其勢要多，方能助臣，火生之，土實之，金衛之，庶幾上全而下安。

臣象：臣不可過也，貴乎損下而益上。

日主為臣，官星為君，如甲乙滿盤是木，內有一二金氣，是臣盛君衰，其勢要多方能助金，用帶土之火以洩木氣，用帶水之土以生金，庶君安臣全，若木火又盛，無奈何常存君之子，少用水氣一路行火運，方得發福。

母象：知慈母恤孤之道，始有瓜瓞無疆之慶。

日主為母，日主所生者為子，如甲乙日主，滿盤是木，內有一二火氣，是母旺子孤，其勢要多方生子孫，有瓜瓞綿綿之慶矣。

子象：知孝子奉親之方，始成克諧大順之風。

日主為子，生日主者為母，如甲乙日，滿盤是木，中有一二水氣，為子眾母衰，其勢要多方能安母，用金以生水，土以生金，則生成子母之情為大順矣，設或無金，則水之神依乎木，而行木火盛地亦可。

情性：五行不戾，惟正清和，濁亂偏枯，性情乖逆。

五氣在天，則為元亨利貞，誠在人則為仁義禮智信之性，惻隱羞惡辭讓是非誠實之情，五氣不乖張者，則其存之而為性，發之而為情，莫不清和矣，反此者乖戾。

火烈而性燥者，遇金水之激。

火烈而能順其性必明，順性矣，惟有金水激之，其燥急不可禦矣。

水奔而性柔者，全金木之神。

水盛而奔，其性至剛至急，惟有金以行之，木以納之，則自柔順矣。

木奔南而軟怯。

木之性見火為慈，奔南則仁之性行於禮，其性軟怯，得其中者為惻隱辭讓，偏者為姑恤而繁縟矣。

金見水則流通。

金之性最方，正有斷制執毅，見水則義之性行於智，智則元神不滯，故流通，得氣之正者，是非不苟，有斟酌，有變化，得氣之偏者，必心泛濫為流蕩之人矣。

最拗者西水還南。

西方之水發源最長，氣勢最旺，無土以制之，木以納之，浩蕩不順，反行南方則逆，豈非強拗而難制乎。

至剛者東火轉北。

東方之火，其焰炎上，局中無土以收之，水以制之，其焚烈之勢而不能順，反行北方，則逆其性而愈剛暴矣。

順生之機遇擊神而抗。

如木生火，火生土，一路順其情性次序，自相和平，遇擊而不得遂其順生之性，則抗而勇猛。

逆生之序，見閑神而狂。

木生亥，見戌酉申則氣逆，非性之所安，一遇閑神，若巳酉丑逆之，則必發狂而猛。

陽明遇金，鬱而煩多。

寅午戌為陽明，而金氣伏於內，則成其鬱氣，必多煩悶者矣。

陰濁藏火，包而多滯。

酉丑亥為陰濁，有火氣藏內，則不發輝，而多濕滯。

陽刃局，戰則逞威，弱則怕事，傷官格，清則謙和，濁則剛猛，用神多者，情性不常，支格濁者，虎頭鼠尾。

凡此皆性情之異，善惡之殊，不專以日主論，蓋凡局中莫不有性情，觀其性情，可知施為，觀其施為，可知吉凶，如木之性主慈，觀其日主何神，又詳木之衰旺，與所遇者何神，成何氣象，若木是官星而奔南，遇擊遇閑神，即斷其官之好歹，子之善惡，莫不了然。

疾病：五行和者，一世無災。五行和者，不特全而不缺，生而不剋，只是全者宜全，缺者宜缺，生者宜生，剋者宜剋，則和矣，一世無咎。

血氣亂者，平生多病。血氣亂者，不特火勝水，水剋火之類，五氣反逆，上下不通，往來不順，謂之亂，故主多病。

忌神入五臟而病凶。柱中所忌之神，不制不化，不沖不散，隱伏深固，相剋五臟，則其病凶，忌木而入土則脾病，忌火而入金則肺病，忌土而入水則腎病，忌金而入木則肝病，忌水而入火則心病，又看虛實，如木入土，土旺者則脾有餘之病，發於四季月，土衰者則脾有不足之病，發於春冬月，餘皆倣此。

客神遊六經者災小。客神比忌神為輕，不能埋沒，遊行六道，則必有災，如木遊土地，胃災，火遊金地，大腸災，土遊水地，膀胱災，金行木地，膽災，水行火地，小腸災。

木不受水者血病，土不受火者氣傷。水東流而木逢沖，或虛脫皆不受水也，必主血疾，蓋肝屬木而納血，不納則病，土逢沖而虛脫則不受火，必主氣病，蓋脾屬土而客氣不容則病矣。

金水傷官，寒則冷嗽，熱則痰嗽，火土印綬，熱則風痰，燥則皮癢，論痰多木火，生毒鬱火金，金水枯傷而腎經虛，水土相勝而脾胃洩。

凡此皆五行不和之病，詳其衰旺可斷其人吉凶，如屬木之病，又看木是日主何神，若木是才，而能發土病，則亦可斷其才之衰旺，妻之美惡，父之興衰，然不必顯驗，有病則應，設六親與事體又不相符者，殆以病而免其咎也。

出身：巍巍科第邁等倫，一個元機暗裏存。

狀元格局，清奇迴異，若隱若露，奇而難決者，必有元機，須搜尋之，不可輕忽。

清得盡時黃榜客，雖得濁氣亦中式。

天下之命，未有不清而發科甲者，清得盡者，必非一二成象，雖五行盡出，而能於所生者化得有情，不混閑神忌客，決發科甲，即有一二濁氣，而清氣或成一個體段，亦可發達。

秀才不是塵凡子，清氣不嫌官不露。秀才之命，與異路人，富人，貧人，無甚異別，然終有一種清氣處，但官星不起，故無爵祿。

異路功名莫說輕，日干得氣遇才星。刀筆得成者，與不成者，自異，必是才星得個門戶，通得官星，有一種清旺之氣，所以出得身，其老於刀筆而不能出身者，終是才星與官不顯對也。

地位：臺閣功勳百世傳，天然清氣顯機權。

欲知人之出身，至地位之大小，亦不易推，蓋為公為卿，必清中又有一種權勢出人矣，不專在一端而論。

兵權憲府并蘭臺，刃煞神清氣勢恢。

掌生殺之權，其風紀氣勢必起，清中精神必異，又或刃煞兩顯也。

分藩司牧財官和，格局清純神氣多。

方面官，才官為重，必清奇純粹，格正局全，又有一段精神。

便是諸司并首領，也從清濁分形影。

至貴者，得一以清，而位乎上，故膺一命之榮，莫不得清氣，所以雜職佐貳首領等官，豈無一段清氣，而與濁氣者自別，然清濁之形影最難辨，不專是才官印綬內有清濁，凡格局，氣象，用神，合神，日主化氣，從氣，精神，氣神，以及收藏，發生，意向，節度，情性，理勢，源流，主從之間，皆有之，先於皮面影上尋其形，得其形而遂可以尋其精髓，乃驗大小尊卑。

歲運論：休咎係乎運，亦係乎歲，戰沖視其孰降，和好視其孰切。

日主譬如吾身，局中之神，譬之舟馬引從之人物也，大運譬之所蒞之地，故重地支未嘗無天干，太歲譬之所遇之人，故重天干未嘗無地支，必先明其日主，而後配合七字，推其輕重，看喜行何運，忌行何運，如甲日，以氣機看春，以人心看仁，以物理看木，大約看氣機而物在其中，遇庚辛申酉字，即看春而行之於秋，斷伐其生生之機，又看喜與不喜，而運行生甲伐甲之地，可斷其休咎矣，太歲主休咎，即顯於是，更詳論歲運戰沖和好之勢，而得勝負適從之機，則休咎了然在目矣。

何為戰：如丙運庚年，謂之運伐歲（剋），日主喜庚，要丙降，得戊壬（洩剋）者吉（以剋洩忌神之物為吉）。如日主喜丙，而歲運不肯降，得戊己，以和為妙（太歲為專神，故以和解為上）。如庚坐寅年，丙之力大，則歲亦不得不降（勢大則太歲無權），降之可保無禍。如庚運丙年，謂之歲伐（剋）運，日主喜庚，得戊己以和為吉（通關）。如日主喜丙，則運不降歲，又不可用戊己洩丙助庚（運管十年，與命較親）。若庚坐寅午，丙之力量大，運自不得不降，亦保無患則吉矣。

何為衝：如子運午年，謂之運衝歲，日主喜子，則要助子，又得年干，乃制午之神更妙，或午之黨多，干頭遇丙戊甲者必凶。如午運子年，謂之歲沖運，日主喜午，而子壬之黨多，干頭又助子，必凶。日主喜子而沖午，午之黨多，干頭助子者必吉，若午重子輕，則歲不降，亦無咎也。日干喜子，而午之黨少，干頭亦不助午，必吉。若午重子輕，則歲不降，亦無咎（其勢已成，歲力不能為禍）。

何為和：如乙運庚年，庚運乙年，則和（乙庚化金），日主喜金則吉，喜木則不吉。如子運丑年，丑運子年則和（子丑合化土），日主喜土則吉，喜水則不吉。

何為好：如庚運辛年，辛運庚年，申運酉年，酉運申年，則好，日主喜陽，則庚與申為好，喜陰則辛與酉為好，凡此例推。

貞元：造化起於元，亦止於貞，再肇貞元之會，胚胎嗣續之機，三元皆有貞元，如以八字看以年為元，月為亨，日為利，時為貞，年月吉者前半世吉，日時吉者後半世吉，以大運看，以初十五年為元，次十五年為亨，中十五年為利，後十五年為貞，元亨運吉，前半世吉，利貞運吉，後半世吉，皆貞元之道，然有貞元之好存焉，非特絕處逢生，北盡東來之意也，至於人之壽終矣，而既終之後，運之所行，果所喜者歟，則其家必興，果所忌者歟，則其家必替，蓋考為貞，子為元也，貞下起元之妙，生生不息之機，予著此論，非欲人知老之年，而示天下以萬世之孝，實時以驗奕世之兆，益知數之不可逃也，學者勉之。

引用的項目

作者：謝士元（2007年）紫微斗數與姓名學知現代詐騙　台南市：秀威
作者：謝士元（2008）《破解命理詐騙論紫微斗數與姓名學》　台南市：秀威
作者：謝士元　謝士元部落格，2003年http://myblog.yahoo.com.tw/mahdi743
作者：陳希夷　紫微斗數全書
作者：徐子平　子平八字斷一生
作者：謝國頂　姓名學各派論斷
作者：周易　易經斷吉凶
作者：紫雲　出版社：時報文化出版企業股份有限公司，出版日期：1993-11-01
作者 翁福裕　出版社：進源 出版日 2007-10-01

新銳生活04　PA0060

新銳文創
INDEPENDENT & UNIQUE

開運人生：易經、紫微、八字、姓名學一次上手

作　　者　謝士元
責任編輯　蔡曉雯
圖文排版　郭雅雯
封面設計　王嵩賀

出版策劃　新銳文創
發 行 人　宋政坤
法律顧問　毛國樑　律師
製作發行　秀威資訊科技股份有限公司
114 台北市內湖區瑞光路76巷65號1樓
電話：+886-2-2796-3638　傳真：+886-2-2796-1377
服務信箱：service@showwe.com.tw
http://www.showwe.com.tw
郵政劃撥　19563868　戶名：秀威資訊科技股份有限公司
展售門市　國家書店【松江門市】
104 台北市中山區松江路209號1樓
電話：+886-2-2518-0207　傳真：+886-2-2518-0778
網路訂購　秀威網路書店：http://www.bodbooks.com.tw
國家網路書店：http://www.govbooks.com.tw

出版日期　2012年10月　初版
定　　價　400元

國家圖書館出版品預行編目

開運人生：易經、紫微、八字、姓名學一次上手 / 謝士元
著. -- 初版. -- 臺北市：新銳文創, 2012.10
面； 公分. --（新銳生活）
ISBN 978-986-5915-13-1（平裝）

1.命書

293.1 101016397

讀者回函卡

感謝您購買本書，為提升服務品質，請填妥以下資料，將讀者回函卡直接寄回或傳真本公司，收到您的寶貴意見後，我們會收藏記錄及檢討，謝謝！如您需要了解本公司最新出版書目、購書優惠或企劃活動，歡迎您上網查詢或下載相關資料：http:// www.showwe.com.tw

您購買的書名：________________________________

出生日期：________年________月________日

學歷：□高中（含）以下　□大專　□研究所（含）以上

職業：□製造業　□金融業　□資訊業　□軍警　□傳播業　□自由業

□服務業　□公務員　□教職　□學生　□家管　□其它_____

購書地點：□網路書店　□實體書店　□書展　□郵購　□贈閱　□其他

您從何得知本書的消息？

□網路書店　□實體書店　□網路搜尋　□電子報　□書訊　□雜誌

□傳播媒體　□親友推薦　□網站推薦　□部落格　□其他__________

您對本書的評價：（請填代號　1.非常滿意　2.滿意　3.尚可　4.再改進）

封面設計____　版面編排____　內容____　文／譯筆____　價格____

讀完書後您覺得：

□很有收穫　□有收穫　□收穫不多　□沒收穫

對我們的建議：________________________________

____

____

____

請貼
郵票

11466
台北市內湖區瑞光路 76 巷 65 號 1 樓
秀威資訊科技股份有限公司 收
BOD 數位出版事業部

（請沿線對折寄回，謝謝！）

姓　名：__________ 年齡：______ 性別：□女　□男

郵遞區號：□□□□□

地　址：__________________________

聯絡電話：(日)__________ (夜)__________

E-mail：__________________________